Sia Dreher
Iris Reichmann
Isabell Scharfschwerdt
Monika Fischer
Nicole Schelbert

1x1 kreativ

AUFBAU-KERAMIK

Dekoratives und Nützliches aus Ton

INHALT

VORWORT

Willkommen im 1 x 1 kreativ Aufbaukeramik! Hier erlernen Sie die Jahrtausende alte Technik des Töpferns ohne Scheibe. Dabei gehen Sie schrittweise vor, so wie auch ein Tongefäß Wulst für Wulst aufgebaut wird: nach einer kurzen Einführung in die wichtigsten Materialien und Werkzeuge steigen Sie anhand einer einfachen Schale in Daumendrucktechnik in den Workshop ein. Nachdem Sie sich mit dem Material Ton vertraut gemacht haben, zeigen wir Ihnen, wie Tonarbeiten aus Wülsten und Platten aufgebaut werden können. Außerdem lernen Sie ebenso die Techniken des Überformens von Styropor- oder Gipsformen für schnelle Resultate als auch das Modellieren von ausdrucksstarken Figuren kennen. Damit Sie das im Workshop Gelernte auch gleich anwenden können, finden Sie nach jedem praktischen Kapitel eine so genannte Ideeninsel mit ersten Vorschlägen für eigene Tonarbeiten.

Nach der Pflicht kommt die Kür: Wenn Sie den Workshop abgeschlossen haben, sind Sie fit für den Ideenpool. Das ist eine Sammlung kleiner und großer Tonarbeiten für das Haus, den Garten, die Jahreszeiten und für Kinder. Ganz einfache Arbeiten für Einsteiger sind ebenso dabei wie Anspruchsvolles für Fortgeschrittene.

Wir wünschen Ihnen viel Spaß beim Erkunden der Aufbaukeramik und ein gutes Gelingen Ihrer eigenen Arbeiten!

Ihr Expertenteam

Nicole Schelbert
Iris Reichmann
Pia Dreher
Monika Fischer
Isabell Schrafschwerdt

1

GRUND-
LAGEN

2

DAUMEN-
DRUCK

3

WULST-
TECHNIK

4

PLATTEN-
TECHNIK

5

ARBEITEN
MIT FORME

6

FIGUREN
ANFERTIGEN

WORKSHOP

Schritt für Schritt lernen

Ob Sie einfache Arbeiten in Daumendrucktechnik oder Aufwändigeres aus Tonplatten herstellen wollen, im Workshop erfahren Sie Schritt für Schritt, wie es geht. Nach einer kurzen Einführung in die verschiedenen Tonarten, die benötigten Werkzeuge und die Grundlagen im Umgang mit Ton führen Sie bebilderte Schrittanleitungen ausführlich in die einzelnen Techniken der Aufbaukeramik ein. Dabei sind neben den Grundtechniken – Daumendruck-, Wulst- und Plattentechnik – auch das Arbeiten mit Styropor- oder Gipsformen für schnelle Resultate sowie das Modellieren von ausdrucksstarken Figuren enthalten.

Ideeninseln geben tolle Anregungen

Zu jedem praktischen Workshopkapitel gehört eine so genannte Ideeninsel. An den hier gezeigten einfachen Tonarbeiten können Sie das gerade Gelernte anwenden. Dabei bauen die Arbeiten auf das vorangestellte Kapitel auf, so dass Sie nach und nach den Umgang mit Ton erlernen und Ihre Kenntnisse verfeinern können.

Skizzen zum einfacheren Nacharbeiten

Manche lassen sich einfach von der bunten Bilderwelt inspirieren, andere möchten die Motive genau nacharbeiten. Damit das schnell und unkompliziert gelingt, finden Sie viele Skizzen zu Aufbau und Form der Modelle im Buch.

Hinweise

- Das Arbeiten mit Ton bedarf einiger Übung. Anfänger sollten deshalb den einzelnen Kapiteln folgen und nach und nach ihre Kenntnisse verfeinern, ehe sie sich an große oder aufwändige mehrteilige Arbeiten wagen. Genießen Sie die ersten Erkundungen des Materials Ton bei Daumendruck- und Wulsttechnik und setzen Sie sich nicht unter Druck, gleich Meisterhaftes zu schaffen!

- Für die Arbeiten im Buch wird schamottierter Ton mit einem Schamotteanteil von 20 bis 25 Prozent verwendet. Größere Arbeiten ab ca. 30 cm werden mit höherschamottiertem Ton (40 Prozent) angefertigt.

- Die Angaben zur Tonfarbe beziehen sich auf die Tonfarbe nach dem Schrühbrand.

1 GRUND-LAGEN

Das Spannende beim Verarbeiten von Ton ist, dass man das Resultat nicht absehen kann. Anders als bei einem Maler, der das Ergebnis jedes Pinselschwungs sogleich sieht, verändert sich Ton in jedem Stadium und ist in keinem so wie nach dem Brand: fett, plastisch und nass ist er beim Ausformen, lederartig im angetrockneten Zustand und gipsartig im knochentrockenen Zustand. Wird das Werkstück dann geschrüht, verändert sich seine Größe sowie die Tonfarbe und die Oberfläche wird hart, rau und porös.

Mit Glasuren kann man den Ton weiter gestalten. Allerdings sieht auch hier das Werkstück vor dem Brennen ganz anders aus als später. Flüssige Glasuren haben nicht die „echte“ Farbe und trocknen pudrig auf dem Werkstück auf. Erst nach dem Brennen bildet sich eine glatte, feste, glasartige Oberfläche und die Farben erstrahlen in den uns bekannten Tönen.

Damit sie trotzdem von Anfang an Ihr Werkstück genau nach Ihrer Vorstellung arbeiten können, erfahren Sie in diesem Kapitel die wichtigsten Grundlagen für den Umgang mit Ton.

Ihre Grundausstattung

Diese Werkzeuge und Hilfsmittel benötigen Sie bei den meisten Tonarbeiten, halten Sie sie bereit, denn sie werden in den einzelnen Materiallisten nicht aufgeführt.

- Schneidedraht
- Modellierhölzer
- Drahtschlingen
- Töpfernadel
- Holz- und Gummischaber
- Schwämmchen
- Pressspanplatte als Unterlage
- Spachtel
- Plastikfolie
- Holz-Kochlöffel
- unterschiedlich starke Leisten und Wellholz (Plattentechnik)
- spitzes Küchenmesser oder Töpfermesser
- diverse Cutter
- Zahnbürste
- evtl. Föhn
- Pinsel
- Schüsseln
- Lineal, Bleistift, Papier, Schere
- Schleifpapier
- Zeitungspapier

nur wenige Werkzeuge werden für das Arbeiten mit Ton benötigt

ein handelsüblicher Tonhubel – Ausgangspunkt für vielerlei phantasievolle und dekorative Arbeiten

Grundwissen TON

Ton ist ein im Erdreich natürlich vorkommendes Material. Er besteht aus feinsten Staubteilchen, die im Laufe von Jahrmillionen von massigen Urgesteinen durch Wettereinflüsse abgerieben wurden und in tiefere Gegenden gelangten. Dort reicherten sich die Ablagerungen mit verwitterten organischen Stoffen wie Holz und Aas an und allmählich bildete sich daraus eine feste Substanz –Ton.

Die reinste Tonart ist weiße Porzellanerde, die unreinste Lehm. Fetter Ton, der mit einem Schamotte-Anteil von etwa 20 Prozent „gemagert" wurde, ist für die Aufbaukeramik am besten geeignet. Die Schamotte, bereits gebrannter, gemahlener Ton, verleiht dem Material mehr Stabilität und macht es luftdurchlässiger, so dass beim Brennen die enthaltene Luft besser entweichen kann. Ton erhalten Sie in 10 kg schweren Hubeln im Plastikbeutel verpackt im Töpfereifachgeschäft.

Ton tritt in verschiedenen Farben von weiß über rot, kork- und lederfarben, grau und braun bis schwarz auf. Für die Färbung verantwortlich sind im Material enthaltene Metalloxide. Beim Brand verändert sich oftmals die Farbe des Tons (siehe Seite 8).

Ton kann nur im feuchten Zustand geformt werden. Die richtige Konsistenz hängt vom geplanten Werkstück ab: für Wulst- und Modellierarbeiten benötigt man weichen, geschmeidigen Ton, für das Arbeiten mit Tonplatten festen Ton. Allgemein sollte sich das Material leicht mit den Fingern formen lassen, aber nicht daran kleben. Ist der Ton zu weich, wird er auf einer porösen Unterlage (z. B. einem Holzbrett oder einer Gipsplatte) getrocknet. Zu harten Ton kann man in ein feuchtes Tuch schlagen und in Plastikfolie geben. Ist der Ton bereits zu ausgetrocknet, lässt man ihn ganz trocknen und sumpft ihn ein (siehe Seite 9).

Beim Trocknen und Brennen zieht sich Ton zusammen, deshalb müssen Sie einen Schwund von ca. 10 Prozent einrechnen, wenn Sie ein Werkstück in einer bestimmten Größe herstellen wollen.

Hinweis

- Beim Kauf von Ton muss auf den Brennbereich geachtet werden, je nachdem ob niedrig gebrannte Töpferware, im mittleren Brennbereich hergestelltes, nicht frostsicheres Steingut oder wasserundurchlässiges, spülmaschinenfestes und frostsicheres Steinzeug hergestellt werden soll.

ARBEITEN mit Ton

Hinweis

◆ Möchte man seine Tonobjekte später glasieren, arbeitet man am besten mit weißen oder schwach getönten Tonsorten, da man nur dann die gewünschte Glasurfarbe erhält. Auf dunklerem Ton verändert sich der Farbton der Glasur (vgl. Seite 13).

Tipps & Tricks

◆ Glätten Sie die raue Oberfläche bei hochschamottiertem Ton nie mit Wasser. Das Wasser schwemmt den Ton zwischen den Schamottekörnern weg, so dass die zunächst glatt erscheinende Oberfläche nach dem Brand wieder rau ist. Drücken Sie stattdessen die Körner mit den Fingern in den Ton.

Während des Trocknens zieht sich Ton zusammen, er schrumpft. Verantwortlich dafür ist der Verlust des so genannten Geschmeidigkeitswassers, das etwa ein Drittel des Gewichts feuchter Tonerde beträgt. Je nach Ton-Art variiert die Schrumpfung zwischen 10 und 15 Prozent. Je feiner der Ton ist, desto stärker schrumpft er; ein erhöhter Schamotteanteil verringert das Schrumpfen. Beim Brennen zieht sich der Ton durch den Verlust der Restfeuchtigkeit weiter zusammen.

Neben der Größe des Werkstücks verändert sich beim Brennen auch die Tonfarbe. So wird dunkelbrauner Ton durch das Brennen heller und erhält einen wärmeren Farbton (ganz oben). Normaler Steinzeug-Ton ist lederfarben, erhält aber durch das Brennen einen hellen Creme-Ton. Er eignet sich neben weißem Ton, der vor dem Brand grau ist, gut für Objekte, die glasiert werden sollen.
Roter Steinzeug-Ton hat vor dem Brennen einen gelblichen Farbton. Je höher er gebrannt wird, desto intensiver wird der Rot-Ton.

Schamotte

Durch den Zusatz von Schamotte lässt sich Ton besser bearbeiten. Schamotte ist ein Mehl mit unterschiedlich großer Körnung, das aus gebranntem Ton hergestellt und fettem Ton beigemischt wird, um ihn stabiler und luftdurchlässiger zu machen. Außerdem verringert die Zugabe von Schamotte die Schwindung des Tons und wirkt sich so positiv auf das Verziehen und Reißen des Materials beim Trocknen aus.
Generell verwendet man für kleine Tonarbeiten eine Tonmasse ohne Schamotte oder feinschamottierte Tonmasse mit einem Anteil bis 20 Prozent Schamotte (siehe Tonstücke oben). Für größere Arbeiten wird Ton mit einem höheren Schamotteanteil verwendet; dieser hat eine großporige Oberflächenstruktur (siehe Foto links).

Ton lagern

Ton sollte stets in einem Plastikbeutel verpackt an einem dunklen, kühlen, frostfreien Platz aufbewahrt werden, dann hält er sich eine unbegrenzte Zeit. Allerdings kann er auch im Plastikbeutel mit der Zeit austrocknen. Ist der Ton zu trocken geworden, kann er in ein feuchtes Tuch gewickelt und einige Tage in einer Plastiktüte gelagert werden. Ausgetrocknete Tonreste und Arbeitsabfälle können mit Wasser wieder aufbereitet werden.

Ton aufbereiten

Zu stark getrockneter Ton und Reste vom Arbeiten können mit Wasser wieder zu Masse aufbereitet werden. So ist das Material nicht verloren.
Die Tonstücke an der Sonne oder der Heizung lagern, bis sie restlos getrocknet sind. Sie werden dann in kleine Stücke gebrochen und in einem Plastikgefäß mit warmem Wasser eingesumpft. Über Nacht stehen lassen.

Anschließend überschüssiges Wasser mit einem Schwamm von der Oberfläche abnehmen und die Masse mit der Hand durchrühren. Dann gleichmäßig ca. 5 cm dick auf eine porösen Unterlage (z. B. Gipsplatte) streichen. Die Unterlage entzieht dem Ton Feuchtigkeit und lässt ihn schneller trocknen. Wenn sich die Tonplatte verfestigt hat, wird sie gewendet, so trocknet sie gleichmäßig. Sobald sich der Ton wieder bearbeiten lässt (er darf nicht an den Fingern kleben), wird er zum weiteren Verarbeiten geknetet (siehe Seite 10). Zum Aufbewahren in einen luftdicht schließenden Plastikbeutel verpacken.

Ton schlagen und schneiden

Den Tonhubel mit viel Kraft auf die Tischplatte oder den Boden werfen, dadurch entweicht die Luft. Diesen Vorgang nennt man „Ton schlagen".
Anschließend mit dem Schneidedraht eine Scheibe vom Tonblock abschneiden. Diese kann dünner oder dicker sein, je nachdem, wie viel Masse für das Werkstück benötigt wird.
Den Schneidedraht an den Haltegriffen fassen. Falls er zu lang ist, kann ein Stück des Drahtes um die Haltegriffe herum gewickelt werden. Zum Abschneiden des Tons den Draht kraftvoll zum Körper hin ziehen.

Tipps & Tricks

- Angetrocknete Ton-Reststücke können Sie zum späteren Aufbereiten in einem kleinen Eimer sammeln. Noch feuchte, weiche Reste immer gleich wieder luftdicht verpacken, so trocknen sie nicht aus und können gut weiter verarbeitet werden.

Hinweis

- Luftblasen unterschiedlichster Größe können im Ton enthalten sein. Sie müssen durch sorgfältiges Kneten entfernt werden, ansonsten kann das Werkstück beim Brennen bersten.

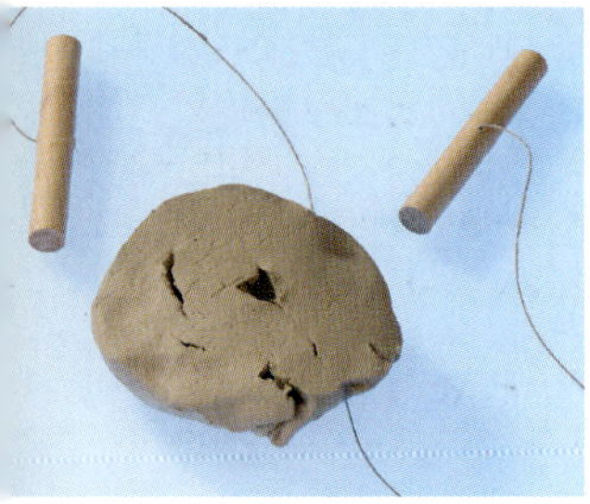

Ton kneten

Ton sollte vor dem Verarbeiten geknetet werden, auch wenn der handelsübliche, in Plastikbeuteln verpackte Ton als gebrauchsfertig ausgezeichnet ist. Die Plastikfolie kann nach längerer Lagerung das Wasser an den Tonrand gezogen haben, so dass der Ton von außen zwar homogen aussieht, in der Mitte aber trockener als an den Rändern ist. Durch Kneten entsteht wieder eine gleichmäßige Masse und Luftblasen werden herausgetrieben.

Schritt für Schritt erklärt

Ton von innen nach außen kneten

Die Tonerde wird mit leichtem Druck mit den Handballen vom Körper weggeschoben. Der Ton wird verdichtet.

1

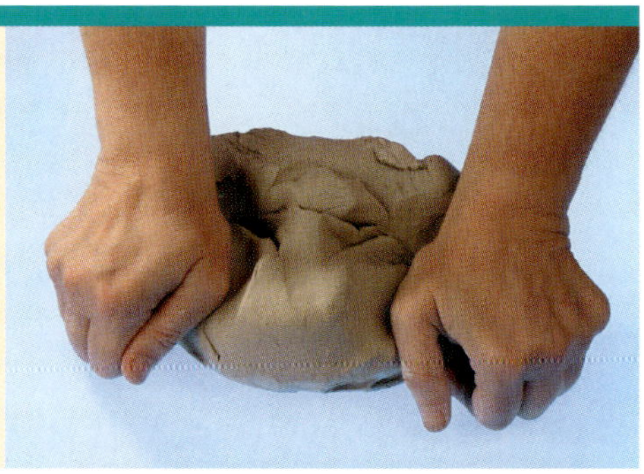

Luft herauspressen

Der Masse eine längliche Form geben, dabei weiter pressen und drücken. So wird die Luft aus dem Ton herausgepresst. Anschließend die Rolle an den Seiten wie im ersten Schritt mit den Handballen pressen, nun aber den Druck zur Mitte richten. Es entsteht eine Fahrradsattelform (Widderkopf).

2

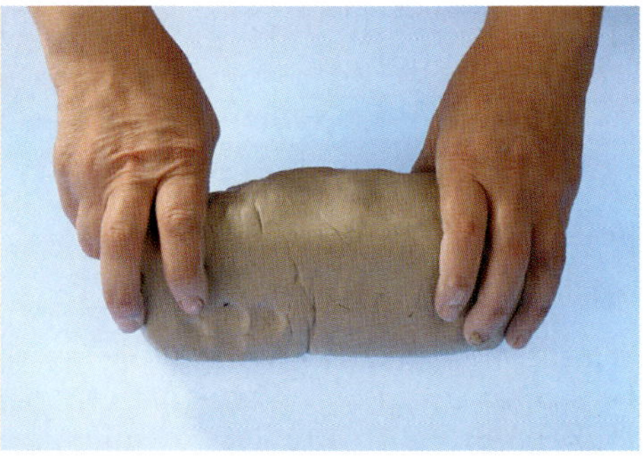

Ton aufschlagen

Die Tonmasse anheben, zwischen den Händen drehen und dabei leicht auf den Untergrund schlagen. Beim Drehen wird die Luft aus dem Ton gedrückt und der Ton wird schön geschmeidig.

3

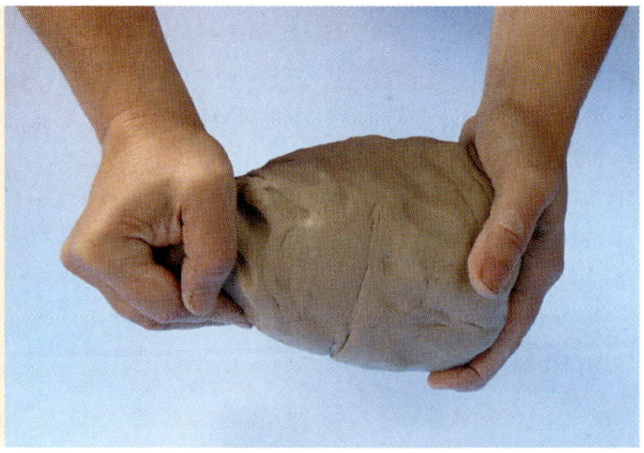

Tonbatzen verdichten

Zuletzt die Masse mit kreisförmigen Bewegungen weiter zusammenpressen und schlagen.

4

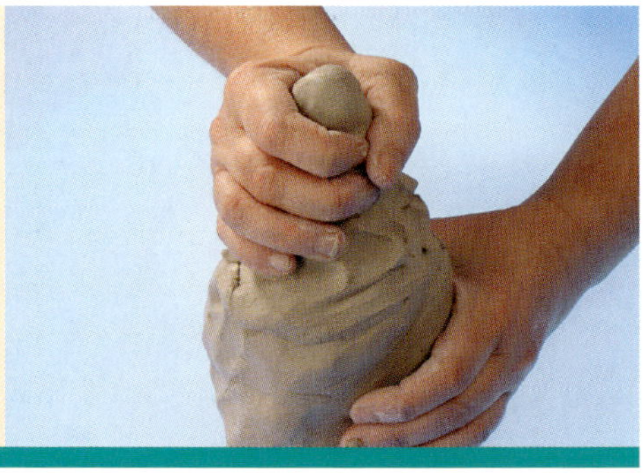

Tonschlicker herstellen

Tonschlicker nennt man den Tonbrei, mit dem Werkstückteile zusammengesetzt werden. Er dient als Klebstoff sowohl für weichen als auch lederharten Ton.

Für die Herstellung von Tonschlicker gibt es verschiedenen Möglichkeiten: Ein Stück Ton ausrollen und knochenhart trocknen lassen (ca. 24 Stunden lang). Die getrocknete Platte mit einem Wellholz in kleine Stücke zerschlagen (wegen der Staubbildung am besten in einer Plastiktüte arbeiten) und diese mit Wasser zu einem dünnflüssigen Brei verrühren. Ggf. erst etwas Wasser darüber geben und einziehen lassen, bis sich größere Stücke aufgelöst haben. Alternativ kann auch weiche Tonmasse mit etwas Wasser zu einem Brei verrührt werden.
Der Schlicker muss aus der selben Tonmasse wie das Werkstück hergestellt werden.

Tipps & Tricks

- Tonschlicker kann man auch zum Malen auf andersfarbigem Ton verwenden. Hierbei aber auch auf die gleiche Tonmasse achten!
- Um ganz sicher zu gehen, dass beim Zusammensetzen von zwei Tonteilen keine Luft mit eingearbeitet wird, dreht man ein Teil beim Andrücken etwas hin und her.
- Wenn Sie mit Kindern arbeiten, sollten Sie zum Aufrauen des Tons kein spitzes Messer, sondern eine Gabel oder Zahnbürste verwenden. Auch zum Ausschneiden einfacher Formen eignet sich ein normales Küchenmesser besser. Spitze Messer oder Cutter bergen für Kinder eine zu hohe Verletzungsgefahr.

Tonteile verbinden

Tonteile, die miteinander verbunden werden sollen, müssen immer vorbereitet werden: Mit einem Messer werden beide Kontaktstellen kreuzweise eingeschnitten bzw. angeraut. Man kann dafür auch eine Zahnbürste oder eine Gabel verwenden.
Direkt anschließend mit einem dicken Pinsel Tonschlicker auf eine Seite geben und beide Teile zusammendrücken. Heraustretender Tonschlicker ist ein gutes Zeichen, es bedeutet dass keine Luft mehr in der Nahtstelle enthalten ist. Nach dem Zusammenkleben der Tonteile wird der Ton von beiden Seiten an der Naht verstrichen.

Hinweis

- Bei dickeren oder teilweise bereits angetrockneten Tonteilen wird das Werkstück vor dem Trocknen mit Wasser befeuchtet.

- Wer keinen eigenen Brennofen besitzt, kann seine Töpferarbeiten in einem Töpferbedarfsgeschäft, bei Töpferwerkstätten oder in öffentlichen Einrichtungen wie Volkshochschulen gegen ein Entgeld (richtet sich meistens nach dem Gewicht der Töpferarbeit) brennen lassen.

Ton trocknen

Beim Trocknen des Tons verdunstet die enthaltene Flüssigkeit, die Teilchen ziehen sich zusammen und das Volumen des Werkstücks verringert sich um ca. 10 Prozent. Das Trocknen muss langsam und gleichmäßig erfolgen. Durch ein ungleichmäßiges Schrumpfen entstehen Risse im Werkstück oder Teile verformen sich oder brechen ab.

Das Trocknen des Tons erfolgt in zwei Etappen: Zuerst wird der Ton **lederhart.** Er ist nun leicht angetrocknet, aber er lässt sich noch eindrücken und ist noch ein wenig biegsam. Man kann ihn polieren und wie Leder schneiden.
Ist der Ton völlig an der Luft ausgetrocknet, nennt man ihn **knochenhart.** Er kann nicht mehr geformt, seine Oberfläche aber mit Schleifpapier nachgearbeitet werden. Der Ton ist in diesem Stadium sehr bruchempfindlich, gehen Sie vorsichtig mit Ihrem Werkstück um!

Das Trocknen hängt von verschiedenen Faktoren ab: z. B. von der Raumtemperatur, der Luftfeuchtigkeit, der Größe des Objekts und seiner Wandstärke. Generell sollte die Wandstärke überall gleich stark sein (nicht stärker als 3 cm).

Kleinere Tonarbeiten werden auf ein Holzbrettchen (z. B. Pressspanplatte) gestellt und die oberen Ränder mit Folie abgedeckt, denn das Werkstück trocknet von oben nach unten. Kleine Teile wie Henkel oder vorspringende Verzierungen müssen wie die oberen Ränder von Gefäßen vor zu schnellem Trocknen geschützt werden. Sie werden deshalb mit einem feuchten Lappen oder mit Plastikfolie umwickelt.
Wenn das Werkstück lederhart getrocknet ist, kann es gewendet und kopfüber weiter getrocknet werden.

Größere Arbeiten wie den großen Drachen von Seite 89 im Ideenpool (über 30 cm Höhe oder Durchmesser) in einem kühlen Raum trocknen, steht keiner zur Verfügung, unter Folie trocknen. Immer wieder für zwei bis drei Stunden aufdecken und stark getrocknete Teile (sind heller) evtl. mit Wasser (Sprühflasche) etwas anfeuchten. Wollen Sie eine Arbeitspause machen, werden kleine und große Werkstücke gegen das Austrocknen mit Plastikfolie überzogen.

Schrühbrand

Im Ofen können die zu schrühenden Arbeiten ineinander und aufeinander gestapelt eingeräumt werden. Geschrüht wird in der Regel zwischen 850 °C und 900 °C, so kann der Scherben beim Weiterverarbeiten nicht mehr aufweichen. Er ist aber noch gut saugfähig, was wichtig zum Glasieren ist. Beim Schrühbrand wird der Scherben von organischen Substanzen befreit und das chemisch gebundene Wasser (Kristallwasser) entweicht.

GLASIEREN

Glasuren sind Mischungen wasserunlöslicher Stoffe, wie z. B. Feldspat, Quarz und Kaolin, die meistens auf den geschrühten Scherben aufgetragen werden. Das geschieht durch Übergießen, Tauchen, Spritzen oder mit Pinseln (siehe Seite 14).

Glasuren erhalten Sie als Flüssigglasuren oder als günstigere Pulverglasuren. Letztere werden laut Herstellerangaben mit Wasser selbst angerührt.

Nach dem Glattbrand, das ist der zweite Brand des Werkstücks nach dem Schrühen, überzieht die Glasur die Keramik mit einer glasartigen Schicht, die abhängig von der Glasurzusammensetzung farblos oder farbig, transparent oder deckend, glänzend oder matt, krakeliert oder rissfrei ist.

Ebenso spielt die Zusammensetzung der Glasur eine Rolle für deren Brennbereich. Beachten Sie hierzu die Herstellerempfehlungen! Generell gilt, dass transparente Glasuren möglichst dünn, farbige Glasuren dicker aufgetragen werden. Der Boden eines Werkstückes wird nicht mitglasiert (ggf. abwischen oder mit einem Messer abkratzen), sonst haftet das Tonobjekt nach dem Brand im Ofen. Glasuren wirken auf hellen und dunklen Tönen ganz unterschiedlich, fertigen Sie sich vor dem Glasieren eines Objektes am besten kleine Farbmusterplättchen an.

Hinweis

- Die Oberfläche eines Werkstücks muss zum Glasieren staub- und fettfrei sein, sonst wird die Glasur schon beim Auftragen nicht angenommen und löst sich beim Brand. Beim Glasieren auch nicht essen, trinken oder rauchen!

Tipps & Tricks

- Verschiedenfarbige Glasuren können auch übereinander aufgetragen werden. Da man nie weiß, wie zwei Glasuren miteinander reagieren, wird man immer wieder überraschende Farbergebnisse erleben.

- Durch Mischen verschiedener Glasuren kann man neue Farben erzielen.

Tipps & Tricks

- Wenn sich beim flächigen Glasieren Farbtropfen gebildet haben, können diese vorsichtig mit einem Messer abgekratzt oder mit den Fingern verstrichen werden.

- Wenn Sie Glasur mit einem Pinsel auftragen, können nach dem Brennen je nach Glasur einzelne Pinselstriche unschön sichtbar werden – oder erst recht eine schöne Farbstruktur bilden. Bei manchen Glasuren wirkt sich das auch gar nicht aus. Fertigen Sie sich am besten kleine Farbmustertafeln an, um diese Effekte auszutesten.

Tauchen und Übergießen

Um einen gleichmäßigen Farbauftrag bei größeren Flächen zu erzielen, wird das Werkstück mit Farbe übergossen oder darin eingetaucht.

Beim Übergießen wird das Werkstück auf zwei Holzlatten über den Glasureimer gestellt. Die Glasur mithilfe eines Gefäßes gleichmäßig über die Keramik gießen.

Beim Tauchen einen Hohlkörper erst innen glasieren. Dazu etwa zu zwei Drittel mit Glasur füllen und unter ständigem Drehen des Gefäßes wieder ausschütten. Um die Außenseite zu glasieren, das Gefäß mit den gespreizten Fingern einer Hand halten und kurz in den Glasureimer tauchen. Den Boden des Gefäßes mit einem Schwamm reinigen. Für Schalen und Teller wird zum Tauchen eine Glasurzange verwendet.

Mit dem Pinsel bemalen

Weiche Breitpinsel sind für einen flächigen Glasurauftrag und mittelharte Rundpinsel mit Spitze für Beschriftungen und feine Designs geeignet. Nebeneinander liegende Farbflächen schrittweise gestalten; erst eine Farbe trocknen lassen, ehe die nächste aufgetragen wird.

Für schöne Farbeffekte zwei- bis dreimal glasieren, die Farbe zwischendurch gut trocknen lassen.

Wird eine Glasur auf eine andere aufgetragen, kann es zu Farbveränderungen kommen. Deshalb vollständig glasierte Keramik (z. B. nach dem Tauchen oder Übergießen) an den Stellen, an denen eine andere Farbe aufgetragen werden soll, mit einem feuchten Schwamm oder Tuch von der Glasur befreien.

Gestalten mit Acrylfarbe

Unglasierte Keramik lässt sich auch mit Acrylfarbe anmalen. Man kann die Farbe nach dem Schrühbrand aufbringen, besser aber ist es, sie nach einem höheren bzw. zweiten Brand aufzutragen, da man dadurch eine höhere Stabilität erzielt.

Die Acrylfarbe wird mit einem Pinsel aufgetragen. Für einen weiteren Farbauftrag muss man eine Trocknungszeit abwarten.

Gestalten mit Dekorfarbe

Dekorfarben gibt es in Pulverform, als flüssige Farbe oder im Malkasten. Sie werden mit einem Pinsel aufgetragen. Pulverförmige Dekorfarbe vor dem Verarbeiten mit Wasser anrühren.
Die Dekorfarben werden nach dem Schrühbrand auf weiße Glasur aufgetragen. Schwarze Dekorfarbe lässt sich auf farbige Glasuren auftragen, während bunte Dekorfarben dafür nicht geeignet sind; ihre Farben verändern sich dabei.

Golden glasieren

Das Goldpräparat kann man gebrauchsfertig in flüssiger Form kaufen. Die zu dekorierenden Gegenstände müssen staub- und fettfrei sein. Das Präparat wird auf eine gebrannte, meist weiße Glasur mit einem Fehhaarpinsel dünn aufgetragen. Anschließend das Werkstück noch einmal brennen, die Einbrenntemperatur beträgt je nach Tonmasse zwischen 620 °C und 820 °C.

Glasur- und Glattbrand

Die glasierte Keramik darf sich beim Einräumen in den Ofen nicht berühren, damit durch das Brennen keine Teile aneinander kleben. Die Glattbrandtemperaturen liegen je nach Tonmasse zwischen 900 °C und 1400 °C. Achten Sie auf die Herstellerempfehlungen!
Die Glasuren schmelzen aus und überziehen das Werkstück mit einer glasartigen Schicht, die beim Abkühlen erhärtet.
Je höher die Brenntemperatur liegt, desto stabiler wird die Keramik und ist dann auch spülmaschinenfest und frostsicher. Von niedrig zu hoch gebrannt unterscheidet man zwischen Töpferware, Steingut, Steinzeug und Porzellan.

Tipps & Tricks

- Geht einem das Malen leicht von der Hand, lassen sich mit Dekorfarbe die tollsten Bilder auf Keramik malen. Aber auch schon einfache kindliche Motive geben der Keramik eine individuelle Note.

- Mit Dekorfarbe zu malende Motive oder Schriften kann man mit einem Bleistift vorzeichnen. Nach dem Bemalen noch sichtbare Bleistiftstriche verbrennen im Ofen.

Hinweis

- Die kleine Maus wird wie die Tiere auf Seite 124 angefertigt. Das Gesicht laut Abbildung modellieren (siehe auch Seite 48).

WERKZEUGE und HILFSMITTEL

Hinweise

◆ Wenn nur gelegentlich mit Ton gearbeitet wird, genügt es, den Arbeitsplatz mit Zeitungspapier abzudecken, das nach Beenden der Arbeit weggeworfen wird.

◆ Ihre Arbeitsfläche sollte staub- und fettfrei sein. Das fertige Werkstück sollte sich gut davon ablösen lassen, ggf. ein Tuch, eine Holzplatte oder eine Plastiktüte unterlegen.

Alltagsgegenstände

Eine quadratische **Pressspanplatte** (ca. 50 cm x 50 cm) ist sehr praktisch für alle Tonarbeilen. Auf ihr kann Ton geschlagen, ausgerollt, geschnitten und auch glasiert werden. Reiben Sie die Holzplatte vor dem ersten Gebrauch zwei- bis dreimal mit Haushaltsöl ein, um sie wasser- und schmutzabweisend zu machen. Nach dem Töpfern wird sie dann nur mit einem trockenen Tuch abgewischt und hochkant beiseite gestellt.
Halten Sie außerdem zum Trocknen Ihrer Tonarbeiten ausreichend Holzbretter bereit, so können Sie die Werkstücke nach Bedarf bewegen. Mit einem Plastikschaber kann die Arbeitsfläche gereinigt werden.
Unterschiedlich starke **Leisten** werden beim Ausrollen von Tonplatten verwendet, um eine gleichmäßige, festgelegte Plattenstärke zu erzielen.

Plastikfolie ist vielseitig einsetzbar; sie dient sowohl als Unterlage beim Ausrollen von Platten als auch zum Abdecken von Werkstücken in Pausen oder beim Trocknen.

Ein **Kochlöffel** wird zum Ausformen des Tons verwendet, dadurch wird der Ton schön dicht. Auch ein **Pfannenwender** eignet sich zum Schlagen gut. Ein **Wellholz** ist zum Ausrollen von Tonplatten nützlich.

Universell einsetzbar ist ein spitzes **Küchenmesser** oder ein **Töpfermesser.** Damit werden Kontaktpunkte an Werkstückteilen vor dem Zusammensetzen kreuzweise eingeschnitten, Werkstückteile ausgeschnitten und Ränder begradigt. Zum Ausarbeiten von Durchbrüchen werden außerdem breitere und schmalere **Cutter** verwendet.

Zum Anrauen von Tonstücken vor dem Zusammensetzen oder zum Aufsprenkeln von dekorativen Farbflecken dient eine **Zahnbürste.** Ein **Föhn** wird zum Antrocknen zu weicher Tonplatten verwendet. **Schwämmchen** benötigen Sie zum Abrunden von Kanten, Glätten von Oberflächen und Entfernen überschüssiger Glasurfarbe. Zum Anfeuchten zu trockener Oberflächen einen Zerstäuber bereithalten.

Zum Glasieren der Tonflächen benötigen Sie **Pinsel** in verschiedenen Stärken oder **Plastikschüsseln und Eimer** (zum Übergießen und Tauchen).

Ein **Lineal** ist nicht nur beim Abmessen hilfreich, sondern auch um saubere Kanten zu schneiden. Feinkörniges **Schleifpapier** kann zum Nacharbeiten getrockneter Werkstücke benutzt werden. Der Ton wird dann samtig weich. **Pappe, Bleistift und Schere** braucht man, um Schablonen herzustellen; damit lassen sich Tonteile exakt ausschneiden.

Töpferwerkzeuge

Wichtige Töpferutensilien sind ein Schneidedraht, Modellierhölzer, Drahtschlingen, Töpfernadel und Holz- oder Gummischaber.

Eine **Ränder- oder Modellierscheibe** ist hilfreich, sie kann aber auch durch einen unter das Werkzeug gestellten Topf oder eine drehbare Holzplatte ersetzt werden.

Den **Schneidedraht** braucht man zum Abschneiden des Tons vom Block sowie zum Lösen von Werkstücken vom Untergrund. Er besteht aus einem ca. 45 cm langen Draht mit kräftigen Knebelgriffen an den Enden. Man kann sich einen Schneidedraht auch selber machen (siehe Tipps & Tricks). Mit der straff gespannten Schnur lässt sich der Ton glatt und sauber schneiden.

Eine **Drahtschlinge** wird zum Aushöhlen kompakter Gegenstände verwendet. **Modellierhölzer** gibt es in ganz unterschiedlichen Formen, testen Sie für sich aus, mit welchen Sie besonders gut arbeiten können. Oftmals erhalten Sie die Modellierhölzer bereits in vielseitig einsetzbaren Sets verpackt.

Eine **Töpfernadel** wird zum Aufstechen von Luftblasen gebraucht, eignet sich aber auch zum Dekorieren des Werkstücks. Im lederharten Zustand können Muster in den Ton geritzt werden. Wer sich noch keine Töpfernadel kaufen möchte, kann auch eine Stopfnadel mit der Spitze in einen Korken stecken und dieses selbst gemachte Werkzeug als Ersatz nehmen.

Zum Ausstechen oder Einarbeiten von Löchern wird ein **Lochstecher,** der in verschiedenen Größen erhältlich ist, oder ein **Bohrer** verwendet.

Zum Glätten und Verdichten der Oberfläche werden Schaber verwendet, z. B. **Gummi- oder Metallschaber.** Auch **Drehschienen** aus Holz vom Töpfern mit der Scheibe finden in der Aufbaukeramik Anwendung. Sie sind weniger scharfkantig als Metallwerkzeuge und durch ihre unterschiedlichen Formen sehr vielseitig. Ein **Holzkamm** wird zum Einarbeiten von Mustern verwendet.

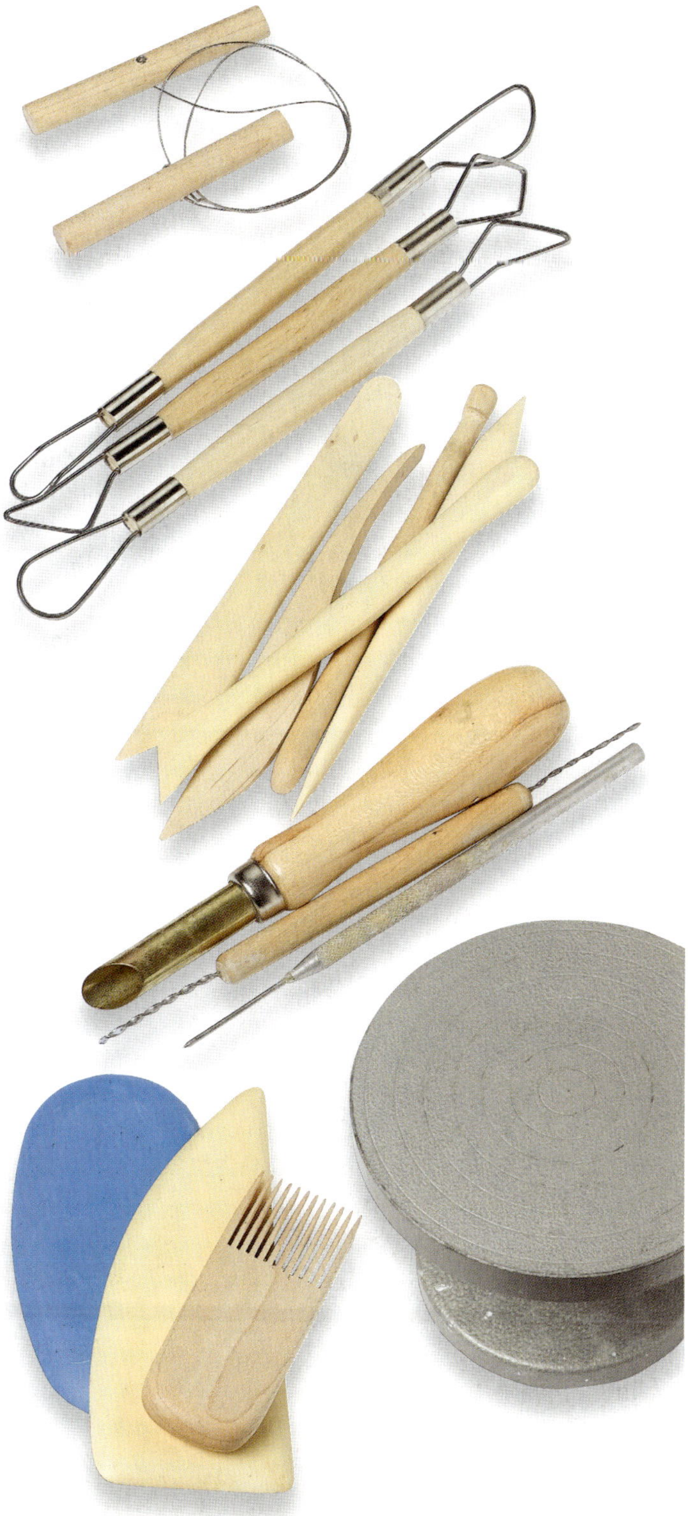

Tipps & Tricks

- Einen Schneidedraht können Sie aus zwei Paketknebeln, die in der Mitte eine Rille haben, und einer 50 cm bis 60 cm langen Nylonschnur selber machen. Die Schnur an den Knebeln festbinden. Die Knebel liegen als Griffe gut in der Hand.

2 DAUMENDRUCK

Tipps & Tricks

◆ Gewöhnen Sie sich von Anbeginn an, eine gleichmäßige Wandstärke von 4 mm bis 5 mm zu formen, dann fällt es Ihnen später bei größeren Arbeiten leichter, diese Wandstärke beizubehalten.

Um sich mit Ton vertraut zu machen, ist die Daumendrucktechnik die beste Methode. Beim Ausarbeiten einer kleinen Schale für Tee oder Gebäck aus einer massiven, tennisgroßen Tonkugel können Sie den Werkstoff Ton unmittelbar kennen lernen.

In die Tonkugel wird mit dem Daumen ein Loch in der Mitte eingedrückt und von diesem ausgehend ein Schälchen geformt. Während man das Werkstück in der Hand dreht, wird die Vertiefung mit dem Daumen erweitert und die Schalenwand mit den Fingern hochgezogen. Es ist wichtig, dass die Wandstärke nach dem Ausarbeiten ringsum gleichmäßig stark ist (ca. 5 mm).

Für diese Technik, die auch als Kugeltechnik bekannt ist, eignet sich jeder Ton, er muss aber weich und elastisch sein. Die Größe der Werkstücke hat Grenzen, denn es kann nur so viel Ton verwendet werden, wie bequem in einer Handfläche liegt. Dennoch ist eine Formenvielfalt durch das unterschiedliche Ausformen der Kugel möglich: Neben Schalen können auch schmale hohe oder flache offene Gefäße geformt werden; selbst Figuren lassen sich so arbeiten. Mit Henkeln, Füßen und anderen Verzierungen können die Tonarbeiten weiter variiert und gestaltet werden.

die Daumendruck-Schale ist ein guter Einstieg ins Arbeiten mit Ton

auch flache Formen lassen sich in dieser Technik arbeiten

Schritt für Schritt erklärt

Kugel formen

Einen Tonbatzen in Tennisballgröße, der angenehm in der Hand liegt, nehmen und zwischen den Handflächen zur Kugel rollen.

1

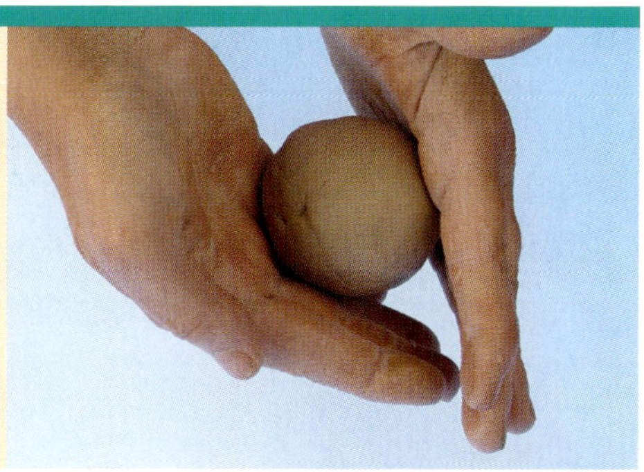

Loch eindrücken

Die Kugel in eine Hand nehmen, gut festhalten und mit dem Daumen der anderen Hand ein tiefes Loch einarbeiten, soweit, bis der Druck auf der haltenden Hand zu spüren ist. Dabei in eine Richtung drehen. Den Daumen möglichst genau in der Mitte eindrücken, so gelingt das Ausarbeiten einer gleichmäßigen Form leichter.

2

Hohlform ausarbeiten

Die Wandung zwischen den Fingern von unten nach oben dünner drücken. Dabei in kleinen Bewegungen arbeiten und den Ton mit der anderen Hand abstützen. Schrittweise vorgehen: die Wandung erst überall auf die gleiche Stärke bringen, dann reihum dünner ausarbeiten.

3

Rand ausarbeiten

Dann den Rand flacher drücken, so dass eine gleichmäßige Form mit 5 mm Randstärke entsteht. Beim Formen mit warmen Händen trocknet der Ton bereits leicht aus, ist die Form aber nach dem Ausarbeiten noch weich, wird sie mit einem Föhn weiter angetrocknet. Nicht zu stark trocknen, der Ton muss zum Nacharbeiten noch etwas flexibel sein.

4

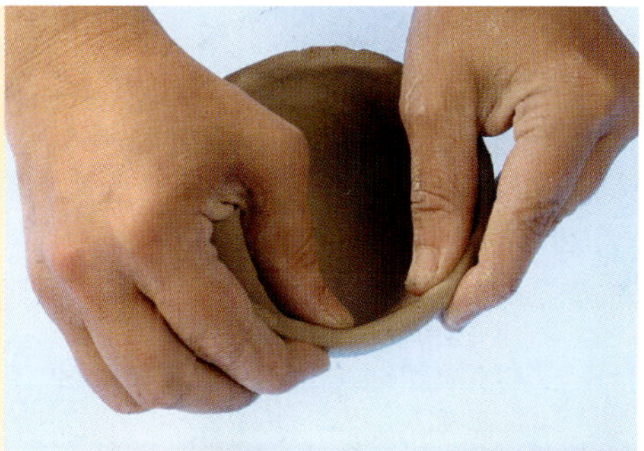

Boden abflachen

Zum Abflachen des Bodens die Schale mit beiden Händen halten und mit leichtem Schwung auf einen ebenen Untergrund aufsetzen und etwas hin und her drehen.

5

Tipps & Tricks

- Der Ton kann durch die Wärme der Finger beim Ausformen etwas austrocknen und es können sich Risse bilden. In diesem Fall die Tonoberfläche etwas anfeuchten und dann wieder gut verstreichen. Um das Austrocknen zu vermeiden, den Ton gelegentlich mit einem nassen Finger glätten.

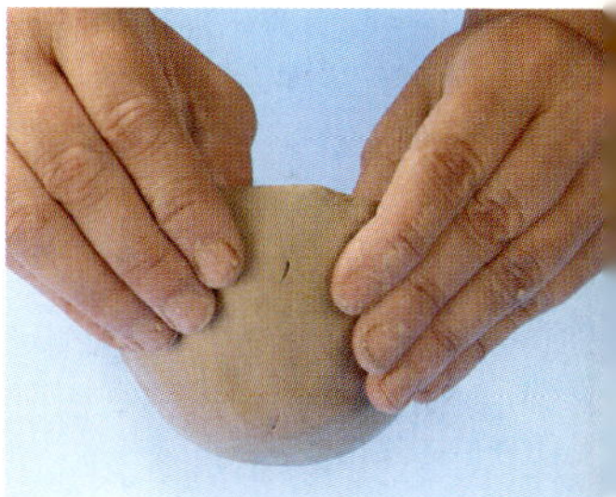

Fortsetzung „Daumendruck“

Fortsetzung „Daumendruck"

Tipps & Tricks

◆ Anstelle eines Schwammes kann zum Glätten auch ein kleines weiches Lederstück verwendet werden (vgl. Schritt 8). Es hat den Vorteil, dass die Schamottekörnchen nicht rau stehen bleiben.

Hinweis

◆ Ist der Rand des Gefäßes lederhart getrocknet (siehe Seite 12), wird das Gefäß zum weiteren Trocknen umgedreht, damit keine Bodenrisse entstehen. Bei kleinen Arbeiten ist das aber nicht nötig.

6 Oberfläche ausgleichen und glätten

Ist die gewünschte Form erreicht, eventuelle Unebenheiten in der Oberfläche der Schale mit kleinen Tonklümpchen ausgleichen (siehe Seite 28, Schritt 10) und das lederhart getrocknete Werkstück mit einem Metallschaber glätten. Diesen mit leichtem Druck zum Körper hin über die Oberfläche ziehen.

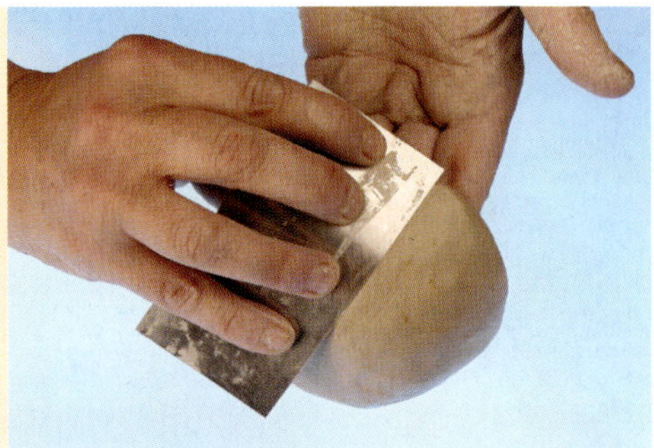

7 Rand begradigen

Der Rand kann dünner und sich nach außen erweiternd ausgeformt, wellig belassen oder mit einem Messer gerade abgeschnitten werden. Zum Abschneiden das Werkstück am besten auf eine Ränderscheibe oder einen anderen drehbaren Untergrund, z. B. einen drehbaren Holzteller, setzen (siehe auch Hinweis auf Seite 29).

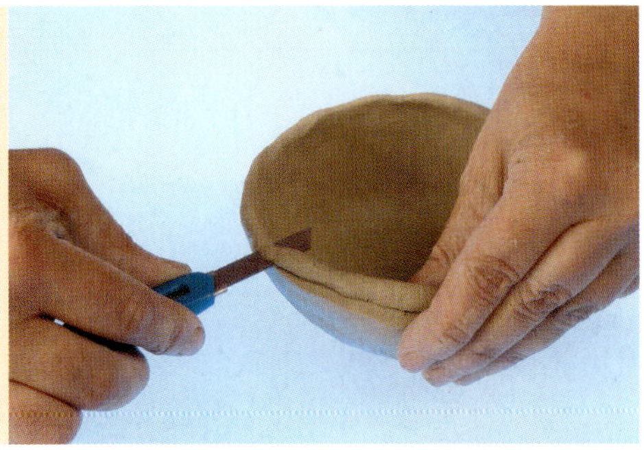

8 Rand glätten

Die stumpfe Schnittkante und eventuelle Unebenheiten des Randes werden mit einem leicht angefeuchteten Schwamm abgerundet und geglättet. Dann die Innen- und Außenflächen des Werkstücks glätten. Das muss vor dem Trocknen des Werkstücks geschehen, ebenso das Gestalten der Oberfläche, z. B. mit Gravuren, Prägungen oder Durchbrüchen (siehe Seite 23 und 38).

9 Werkstück trocknen

Damit der Rand zu Beginn des Trocknens bei größeren Werkstücken nicht rissig wird, das Werkstück ca. eine halbe Stunde lang umgekehrt auf ein leicht angefeuchtetes Tuch stellen. Der Ton nimmt dann die verlorene Feuchtigkeit wieder auf. Nach dem Schrühbrand (siehe Seite 12) kann das Werkstück glasiert werden (siehe ab Seite 13).

PROFITIPP

Zu weite Ränder wieder in Form bringen

Wenn sich die Form beim Ausarbeiten zu stark geweitet hat, kann der Rand in Falten gelegt und mit Daumen und Zeigefinger wieder zusammengedrückt werden. Die dadurch entstandene verdickte Wandung wird wieder nach oben gezogen.

Kombination mit WULSTTECHNIK

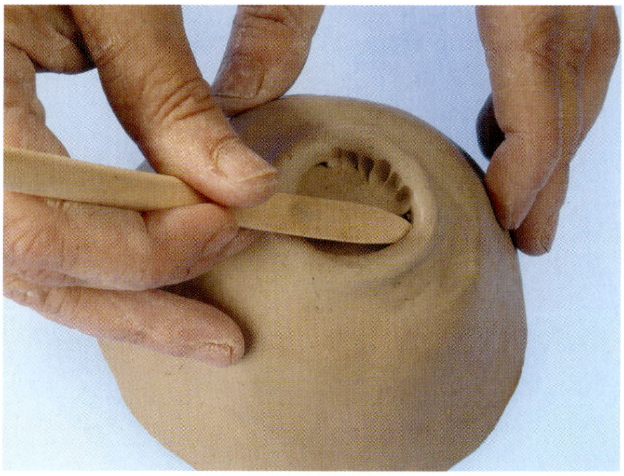

An eine in Daumendrucktechnik angefertigte Form kann ein Tonwulst, z. B. als Fuß, angesetzt werden. Das Werkstück lederhart trocknen lassen (siehe Seite 12). Den Wulst wie auf Seite 27 beschrieben ausrollen.
Wie bei allen Tonarbeiten, bei denen zwei Teile aneinandergefügt werden, muss die Verbindungsstelle vorbereitet werden. Dafür die Oberfläche der Schale mit einem spitzen Messer kreuzweise einschneiden und Tonschlicker, das ist mit Wasser verdünnte Tonmasse, mit einem Pinsel auftragen (siehe Seite 11). Dann den Wulst aufsetzen und überlappende Enden abschneiden (siehe Seite 28). Den Tonring zuerst auf der Außenseite fixieren, dabei von der Kuppe der Wulst zur Schale hin den Ton verstreichen.

Anschließend die Innenseite befestigen. Dies geht gerade bei kleineren Tonringen besser mit einem abgeflachten Modellierholz als mit den Fingern. Den Ton wieder von oben nach unten verstreichen. Anschließend die Vertiefungen mit dem Finger glätten (wie auf der Außenseite des Wulstes).

Tipps & Tricks

- Als Fuß kann man am Boden des Gefäßes in gleichen Abständen auch drei Tonkugeln befestigen und etwas flach drücken. Diese können, müssen aber nicht verstrichen werden.

APPLIKATIONEN aufsetzen

Eine sehr einfache Art, schlichte Teller oder Schalen zu verzieren, sind Applikationen. Dafür werden dünne Wülste und Kügelchen geformt oder aus Platten Formen zugeschnitten und diese mit Tonschlicker aufgesetzt. Vor allem bei größeren Flächen und bei angetrockneten Untergründen das Aufrauen des Untergrundes mit einem Messer, einer Gabel oder einer Zahnbürste nicht vergessen (siehe Seite 11)!
Applikationen, die über das zu verzierende Gefäß herausragen, geben dem Ganzen ein interessantes Aussehen.

RELIEFS herstellen

Hinweis

◆ Der Ton, der zum Abdichten der Reliefform verwendet wird, kann nicht mehr für andere Keramikarbeiten benutzt werden. Kleinste Gipskrümel im Ton verursachen beim Brennen Fehler.

Für dekorative Reliefs, d.h. hervorstehende, meist sich wiederholende Tonapplikationen, wird ein Motiv aus Ton geformt und nach dem Brennen mit Gipsmasse abgeformt. Alternativ kann wie beim Linolschnitt ein Motiv direkt in eine Gipsform geschnitzt werden. In die Negativform wird weicher Ton gepresst und mit einem zweiten Tonstückchen wieder herausgehoben. Der entstandene Abdruck wird mit Tonschlicker auf die Gefäßoberfläche gesetzt.
Damit sich Reliefs besser abheben, können sie aus farblich kontrastierendem Ton angefertigt werden. In jedem Fall sollte aber die gleiche Tonmasse verwendet werden, die Reliefs können sonst beim Trocknen oder Brennen abplatzen.

Schritt für Schritt erklärt

1 Gießrahmen herstellen

Auf einer Holzplatte einen Rahmen aus vier Leisten zusammenstellen und alle Außenseiten mit Ton abdichten. Das geformte Tonmodell in die Mitte der Form legen. Zuvor etwas anfeuchten, so haftet das Modell besser auf dem Untergrund und kann von oben nicht mit Gips durchtränkt werden.

2 Form mit Feingips füllen

Das Gipspulver anrühren: gleichmäßig in einen Eimer mit Wasser geben, bis die Masse gesättigt ist. In kreisförmigen Bewegungen verrühren, bis alle Klumpen gelöst sind. Zum Entfernen der Luftblasen mit einem Holz gegen den Eimer schlagen. Den Gips zügig in die Form gießen und direkt neben der Form mit der geballten Hand mehrmals auf den Tisch schlagen, um Luftblasen zu entfernen.

3 Überschüssigen Gips entfernen

Nachdem der Gips abgebunden hat, den Überschuss mit einer langen Leiste o.Ä. entfernen und die Oberfläche mit einem Metallschaber glätten. Immer von der Mitte zur Seite arbeiten, so wird die Oberfläche plan. Nach dem Aushärten des Feingipses die Leisten entfernen und die angefertigte Pressform säubern.

Ton in Pressform drücken

4

In die angefertigte Form Ton geben, gut eindrücken und mit einem Metallschaber von innen nach außen glätten. Tonüberschuss sorgfältig mit einer schwungvollen Bewegung von einer zur anderen Seite entfernen. Den Ton durch leicht kreisende Bewegungen von innen nach außen fest in die Form pressen, so entstehen saubere Konturen. Anschließend das Relief herausheben (siehe Tipp).

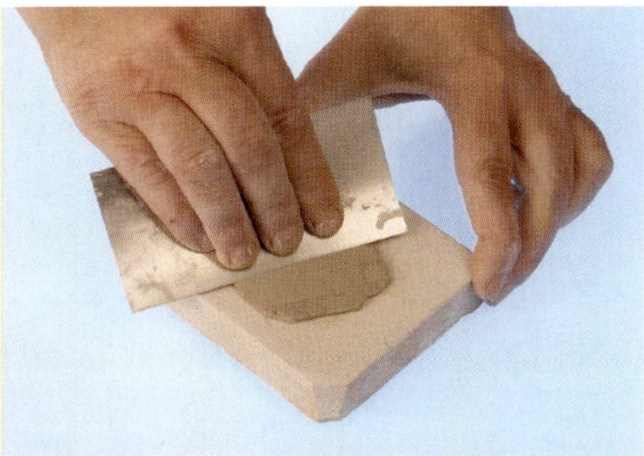

Relief anbringen

5

Die entsprechende Stelle eines lederhart getrockneten Werkstücks mit einem spitzen Messer anritzen. Das Relief gleichmäßig dünn mit Tonschlicker bestreichen und in kreisförmigen Bewegungen und mit leichtem Druck aufsetzen. Herausquellenden Schlicker mit einem Schwamm entfernen. Trocknen lassen, Unebenheiten evtl. mit feinem Schleifpapier nacharbeiten.

Prägestempel selber machen

Prägestempel können aus vielen Materialien hergestellt werden, am besten geeignet für die Aufbaukeramik sind solche aus Feingips oder niedrig gebranntem Ton. Sie sind porös, lösen sich leicht vom Ton und hinterlassen einen sauberen Abdruck. Zum Gestalten mit Prägestempeln sollte der Ton weich sein, sonst hinterlässt der Stempel nur einen schwachen Abdruck.

Neben flachen Prägestempeln lassen sich auch Prägeräder herstellen. Dafür eine Tonscheibe formen und die Ränder mit den gewünschten Mustern verzieren. In der Mitte der Tonscheibe kann noch ein Loch für einen Holzstab eingestochen werden; so lässt sich der Stempel später leichter über das Werkstück rollen.

Zum Anfertigen von Prägestempeln können ganz unterschiedliche Materialien und Techniken verwendet werden: Es können wie beim Linolschnitt Muster ausgeschnitten oder wie beim Gravieren eingeritzt werden. So erhält man im Werkstück vertiefte oder erhabene Abdrücke.

Auch Fundstücke lassen sich gut in Stempel eindrücken, experimentieren Sie doch einfach mit allem, was Ihr Haushalt bietet. Neben Bleistiften eignen sich z. B. Spiralbohrer zum Eindrücken von Linienmustern und mit Muscheln, Schrauben, Messerspitzen und mehr lassen sich immer neue, individuelle Muster erstellen.

Tipps & Tricks

- Zum Herausheben des Reliefs aus der Form eignet sich ein feuchter Tonklumpen. Diesen mit wenig Druck auf das Relief setzen und es aus der Gipsform heben. Vom Tonklumpen abziehen und weiter verarbeiten.

- Testen Sie die Wirkung Ihres Prägestempels immer auf separaten kleinen Tonplatten.
- Um sehr saubere Stempelabdrücke zu erhalten, etwas Talkumpulver auf die zu bestempelnde Fläche streuen oder den Stempel mit einem in Öl getauchten Lappen einreiben.

Teller

Vom vorbereiteten Ton (siehe Seite 10) ein pflaumengroßes Stück abtrennen und beiseite legen.
Aus dem übrigen Ton in Daumendrucktechnik einen Teller arbeiten (ø 20 cm, siehe ab Seite 19).
Aus dem restlichen Ton acht kleine Tonkügelchen und einen sich verjüngenden Wulst rollen. Diesen schlangenförmig auf dem Teller anschlickern (siehe Seite 11). Die Tonkugeln zwischen dem Wulst verteilen und mit dem runden Ende des Modellierholzes eine Delle eindrücken. Mit dem spitzen Modellierholz auf der Schlange eine Linie einkerben. Nach dem Trocknen und Schrühen türkis glasieren und glattbrennen.

MOTIVGRÖSSE
ca. ø 18 cm

MATERIAL
- Steinzeug-Ton in Weiß, 600 g
- Steinzeug-Glasur in Türkis

IDEENINSEL

MOTIVHÖHE
ca. 10 cm

MATERIAL
- Steinzeug-Ton in Braun, 500 g
- etwas Steinzeug-Ton in Creme
- selbst gemachte Gips-Reliefform

Tipp

- Die Schale kann auch mit einem Henkel zu einer Tasse abgewandelt werden. Das Gefäß dann mit transparenter Glasur überziehen!

Schale mit Edelweiß

Die Schale wie in der Schrittanleitung ab Seite 19 beschrieben anfertigen. Sie wird mit Edelweiß-Reliefs verziert, die wie auf Seite 22 beschrieben mit einer selbst gemachten Form gearbeitet werden.

Kleine Schüssel

Eine ca. 12 cm große Schüssel in Daumendrucktechnik anfertigen. Für die Verzierungen zehn bis zwölf Dreiecke aus einer Platte zuschneiden (siehe Seite 35) und an den Schüsselrand schlickern. Für jedes Dreieck eine kleine Kugel formen und an die Spitze setzen. Für die Füße drei größere Kugeln formen und an den Boden der Schüssel setzen.
Nach dem Trocknen kann die Schüssel vorsichtig mit Schleifpapier geglättet werden.
Danach schrühen, mit einem Pinsel glasieren, glattbrennen.

MOTIVHÖHE
ca. 12 cm

MATERIAL
- Steinzeug-Ton in Weiß, 500 g
- Steinzeug-Glasur in Rot, Blau, Gelb und Weiß

DAUMENDRUCK

MOTIVHÖHE
ca. 14 cm

MATERIAL
- Steinzeug-Ton in Weiß, 500 g
- Steinzeug-Glasur in Grün und Gelb

Tipp

- Das Gefäß kann auch in Wulst oder Plattentechnik aufgebaut werden. Zitronenscheiben und Auffangschale sind aus Tonplatten ausgeschnitten.

Zitronenpresse

Eine Schale mit abgeflachtem Boden anfertigen (ø 12 cm, 8 cm hoch) und die Ausgussöffnung eindrücken. Mit halben, ausgeschnittenen Zitronenscheiben und modellierten Früchten dekorieren. Für die Presse einen bauchigen, hohlen Kegel auf eine 12 cm große Scheibe setzen (Fläche unter dem Kegel ausschneiden). Rillen von der Spitze nach unten einritzen und ausformen. Alle Übergänge gut verstreichen. In die Scheibe das Muster einritzen, den Rand nach oben biegen und viele Löcher einstechen. Trocknen, schrühen, mit einem Pinsel glasieren und glattbrennen.

3 WULST-TECHNIK

Hinweis

- Für Anfänger eignet sich zum Erlernen der Wulsttechnik besonders gut eine zylindrische Form. Sie lernen beim Aufbauen die Wülste gut zu verkleben und die einzelnen Arbeitsschritte geordnet nacheinander auszuführen. Außerdem lassen sich zylindrische Formen leicht korrigieren.

Das Aufbauen mit Tonwülsten oder Rollen ist die älteste Töpfertechnik. Sie ist vielseitig einsetzbar für zylindrische, rundliche, weiter oder enger zulaufende Formen und Skulpturen beliebiger Größe. Fast alle Tonarten sind für diese Methode geeignet, sie müssen jedoch der Form, Größe, Brenntemperatur und Funktion angepasst sein. Ideal sind Tone mit Schamotteanteil, der sich mit der Werkstückgröße erhöht. Damit die Rollen nicht reißen, muss der Ton gut vorbereitet, elastisch und weich sein.

Die einzelnen Wülste – bereiten Sie immer eine größere Menge für einen guten Arbeitsfluss vor – werden von Hand ausgerollt und nacheinander auf einen in Daumendruck- oder Plattentechnik gefertigten Boden gelegt. Durch das Verstreichen auf der Innenseite, für optimalen Halt auch an der Außenseite, haften die Einzelteile aneinander. Durch unterschiedliches Legen der Wülste können Formen bauchiger oder enger zulaufend ausgeformt werden. Große Formen werden in mehreren Arbeitsschritten aufgebaut; bis zum nächsten Arbeitstag können sie in Plastikfolie verpackt feucht gehalten werden. Das Trocknen des Werkstückes muss langsam erfolgen.

Schritt für Schritt erklärt

Bodenplatte anfertigen

1

Eine Tonplatte 6 mm stark ausrollen (siehe Seite 35). Darauf mithilfe einer Schablone oder eines passenden Gegenstandes, z. B. einem Teller, die Form mit einem Messer anzeichnen. Die Bodenplatte kann auch in Daumendrucktechnik angefertigt werden.

Bodenplatte ausschneiden

2

Die Grundform mit einem spitzen Messer ausschneiden und den überschüssigen Ton entfernen. Die Bodenplatte auf eine drehbare Ränderscheibe legen, dann gelingen die späteren Arbeitsschritte besser.

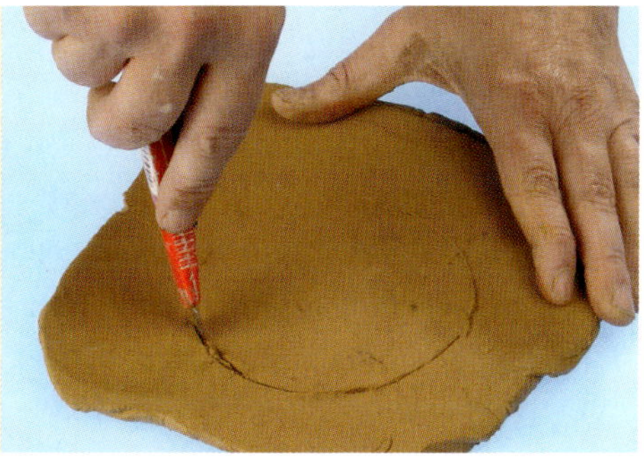

Verbindungsstelle vorbereiten

3

Am äußeren Rand der Tonscheibe mit einem spitzen Messer kreuzförmige Einschnitte machen und mit einem dicken Pinsel Tonschlicker auftragen (siehe Seite 11). Der Rand muss mit einer guten Schlickerschicht überzogen sein, damit der erste Wulst gut hält.

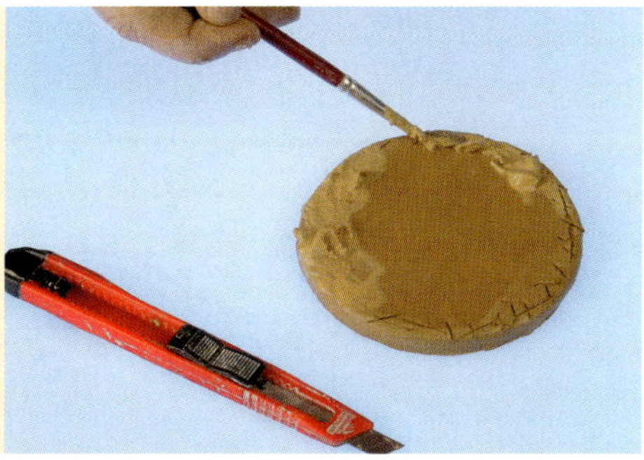

Dickeren Wulst anfertigen

4

Aus Ton eine dicke Rolle anfertigen. Mit beiden Händen von der Mitte nach außen arbeiten und eine möglichst gleichmäßige Form schaffen. Auf eine Dicke drücken, die sich gut rollen lässt.

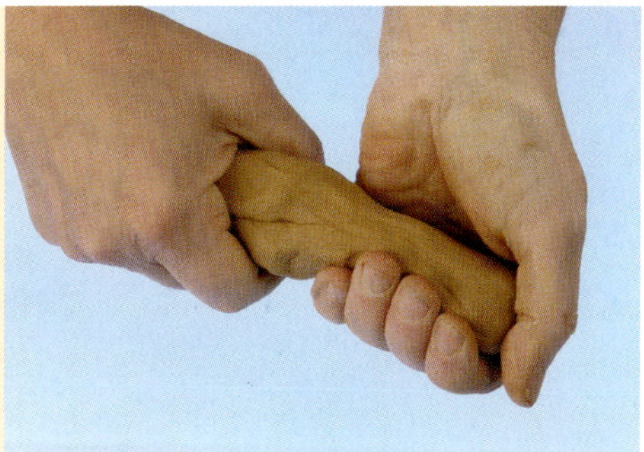

Dünne Tonrolle formen

5

Den Ton auf einer ebenen, sauberen, nicht saugenden Arbeitsfläche zu einem ca. 1,5 cm starken Wulst rollen, dabei gleichmäßig stark aufdrücken und mit beiden Händen von innen nach außen arbeiten, damit der Wulst gleichmäßig rund wird. Die Arbeitsfläche darf dem Ton keine Feuchtigkeit entziehen, sonst sind die Rollen schwer zu verarbeiten.

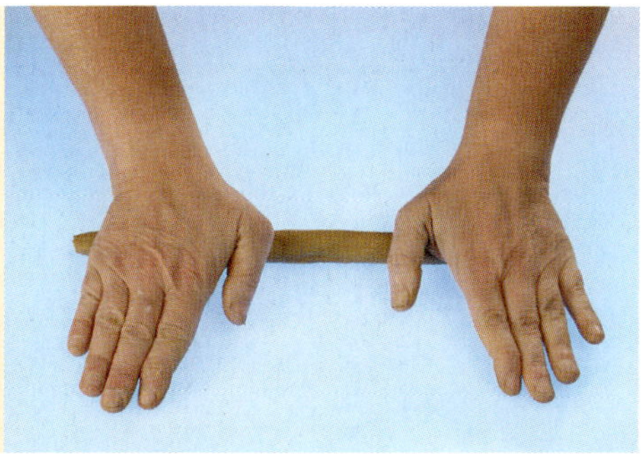

Tipps & Tricks

- Für ein rasches, kontinuierliches Arbeiten sollten Sie sich vorher einen Vorrat an Tonwülsten anfertigen. Damit sie nicht austrocknen, wickeln Sie sie in Plastikfolie ein.
- Wenn der Ton während der Arbeit zu stark angetrocknet ist, kann das Werkstück in ein feuchtes Tuch eingeschlagen und dann in Plastikfolie verpackt werden. Nach etwa einer halben Stunde sollte der Ton wieder weich genug zum Bearbeiten sein.

Hinweise

- Achten Sie darauf, dass alle Wülste die gleiche Stärke haben, sonst erhält das Werkstück eine ungleichmäßige Wandstärke.
- Damit der Ton nicht austrocknet, wickeln Sie Ihr Werkstück in Plastikfolie ein, wann immer Sie eine Pause machen wollen.

Fortsetzung „Wulststechnik"

Fortsetzung „Wulsttechnik"

Tipps & Tricks

- Gibt die Gefäßwand beim Aufsetzen weiterer Wülste nach, kann sie mit einem Föhn leicht angetrocknet werden. Nicht zu stark trocknen, der Ton soll nur fest genug sein, die nächste Rolle zu halten.
- Wenn das Gefäß zu weit wird, schneidet man an zwei gegenüberliegenden Stellen ein v-förmiges Stück heraus. Die Schnittkanten werden aufgeraut, mit Tonschlicker bestrichen und fest zusammengedrückt.
- Wenn das Gefäß zu eng wird, zieht man mit feuchtem Daumen und Zeigefinger den Ton etwas nach unten, damit die Wandung nicht zu dünn wird.
- Wenn der Wulst beim Rollen rissig wird, muss er mit etwas Wasser angefeuchtet oder erneut geknetet werden, bis der Ton wieder feucht und homogen ist.

6 Wulst aufsetzen und zuschneiden

Den Wulst mit den Fingern auf den vorbereiteten Boden drücken. Die überlappenden Enden mit einem spitzen Messer schräg abschneiden, dabei mit der freien Hand den Werkstückrand möglichst nahe an der Schnittstelle stützen. Die Tonreste entfernen. Die Wulstenden aneinander setzen und die Nahtstelle mit dem Finger glatt streichen, sodass ein fortlaufender Ring entsteht.

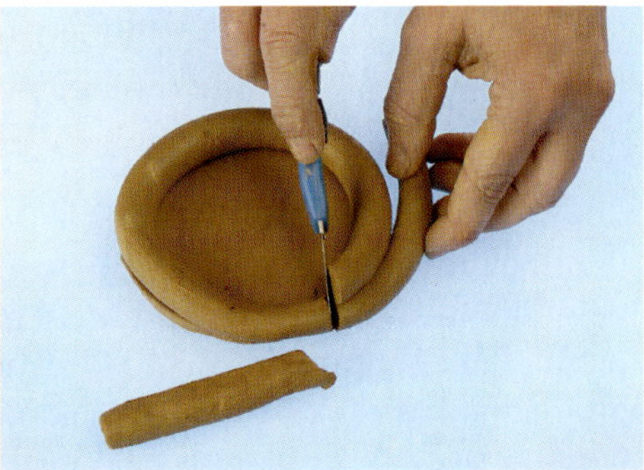

7 Wulst innen verstreichen

Den Tonring zuerst auf der Innenseite mit dem Daumen fixieren, die andere Hand stützt den Rand ab. Stückchenweise vorgehen und den Ton in gleichmäßigen, drückenden, zum Boden gerichteten Bewegungen verstreichen.

8 Wulst außen verstreichen

Zum Verstreichen des Außenrandes den Boden anheben und in der gleichen Bewegung wie zuvor arbeiten: Der Daumen verstreicht den Ton, die Finger stützen den Boden ab. Dann die Naht glätten; zuerst von innen, dann von außen. Den Ton dabei auf der anderen Seite mit der freien Hand stützen.

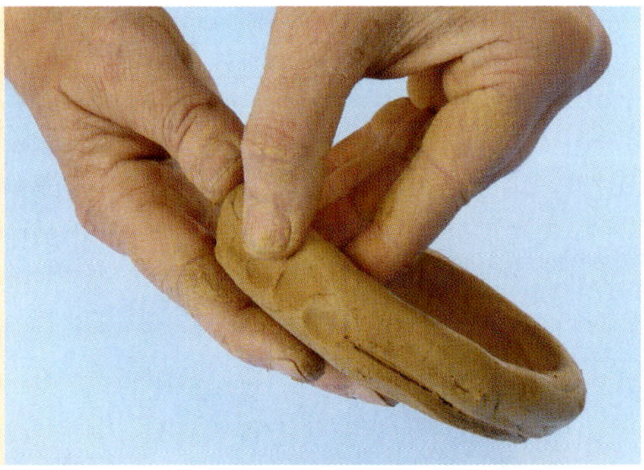

9 Weitere Wülste aufsetzen

Den Ton vor dem Aufsetzen weiterer Wülste wieder kreuzförmig einschneiden oder mit einer Zahnbürste aufrauen und mit etwas Tonschlicker bestreichen. Nach jeder aufgesetzten Rolle die Form überprüfen, dafür evtl. eine Schablone verwenden (siehe Profitipp Seite 30). Für einen Zylinder die Rollen genau aufeinander setzen. Korrekturen sofort ausführen.

10 Oberfläche ausgleichen und glätten

Kleine Löcher in den Außenwänden mit Tonresten schließen. Anschließend die Oberfläche von oben nach unten mit einem Metallschaber glätten (siehe Seite 20).

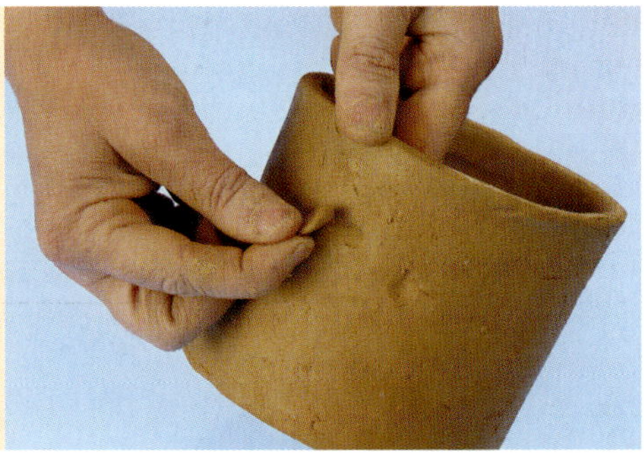

Rand begradigen

11

Nach dem Aufsetzen mehrerer Wülste kann der Rand leicht ungleichmäßig werden. In diesem Fall mit einem Messer begradigen. Anschließend die Oberfläche kreuzförmig einschneiden, Tonschlicker auftragen und weitere Wülste aufsetzen. Nachdem alle Wülste aufgesetzt sind, wird der Rand noch einmal begradigt.

Rand glätten

12

Hat das Gefäß die gewünschte Höhe erreicht, wird der Rand mit einem feuchten Schwamm geglättet. Die Arbeit ca. eine Woche lang trocknen lassen.

Hinweise

- Hat man eine Ränderscheibe, stellt man das Gefäß zum Begradigen des Randes darauf. Zum Markieren hält man einen spitzen Gegenstand, z. B. einen Bleistift, gegen das Gefäß, während man mit der anderen Rand die Ränderscheibe dreht.

GefässDURCHMESSER variieren

Um ein Gefäß mit Wülsten bauchig oder schmal zulaufend zu formen, legt man die Wülste enger oder weiter als beim gerade zulaufenden Zylinder auf. Der Boden der Form wird wie beim Zylinder angefertigt.

Für ein bauchiges Gefäß mit breiterem Durchmesser werden die Wülste nach außen angeordnet, ohne dass sie zu stark überstehen. Bei einer sehr starken Vergrößerung des Durchmessers wird in mehreren Sitzungen gearbeitet, damit die Wülste nicht verrutschen.

Für enge Gefäßöffnungen werden die Wülste nach oben hin immer weiter nach innen angeordnet. Sie lassen sich auf der Innenseite schlecht verkleben und müssen deshalb an den Stellen, an denen sie sich berühren, besonders gründlich von der Außenseite verklebt und geglättet werden.

Sichtbarer WULST als DEKOELEMENT

Hinweis

◆ Die Schale auf der Abbildung wurde aus braunem Steinzeug-Ton in Überformtechnik mit einer Styroporkugel (siehe ab Seite 44) angefertigt und an den angefügten Wulstverzierungen mit einer Metallicglasur verziert. Die Arbeit bedarf etwas Übung.

Mit einzelnen Wülsten können Tonformen verziert werden. Die Wülste werden entweder aufgelegt und fixiert oder in eingeschnittene Freiräume eingesetzt. Schön sieht es aus, wenn die Wülste zu Spiralen gedreht werden. Für aufgelegte Wülste den Untergrund mit kreuzförmigen Einschnitten vorbereiten und den Wulst mit Tonschlicker aufsetzen.

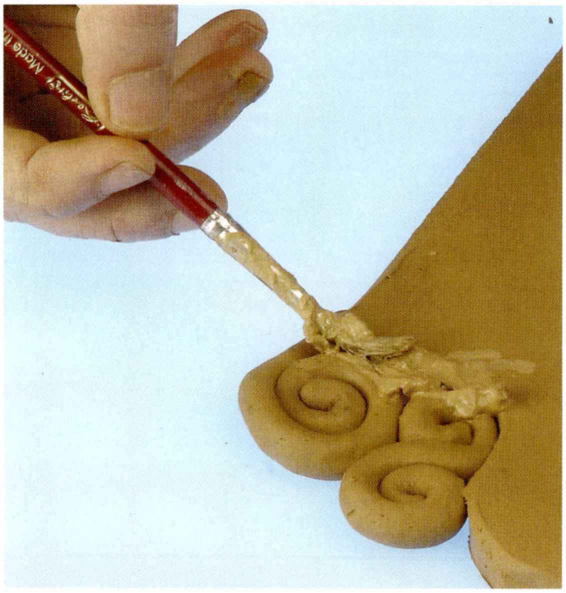

Wülste können gut mit anderen Techniken, z. B. der Plattentechnik (siehe ab Seite 34) oder der Überformtechnik (siehe ab Seite 44) kombiniert werden. Die Wülste werden entweder aufgesetzt oder Freiräume zum Einsetzen mit einem spitzen Messer eingeschnitten. Die Tonrollen formen und ansetzen. Dann auf der Rückseite des Werkstücks (zeigt zu Ihnen) alle Öffnungen mit Tonschlicker füllen und die Fläche anschließend mit den Fingern glätten, bis sie eben ist. Überschüssigen Ton wegschneiden.

PROFITIPP

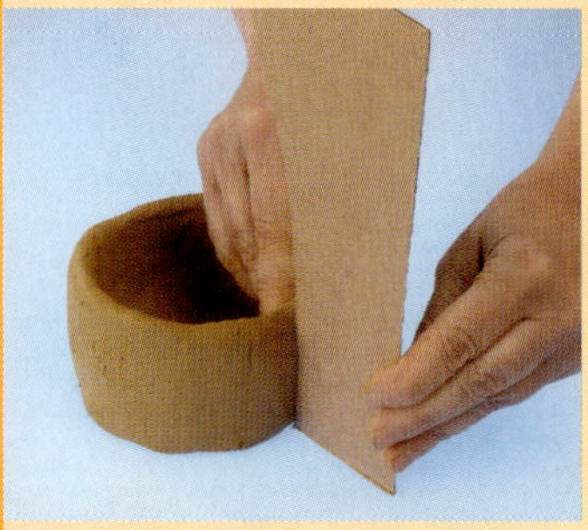

Mit einer Schablone die Form überprüfen

Zum Kontrollieren und Korrigieren einer Form kann eine Schablone aus fester Pappe o. Ä. zugeschnitten werden. Die Schablone direkt an die Gefäßwand halten und langsam um das Gefäß führen. Dabei wird auch die Außenseite geglättet und der Ton verdichtet.

FLACHGEDRÜCKTE Wülste

Das Aufbauen mit abgeflachten Wulsten ist eine Variante der einfachen Wulsttechnik, die durch die größere Breite der Rollen ein schnelleres Vorankommen ermöglicht. Arbeiten Sie aber ebenso sorgfältig beim Aufeinandersetzen und Verstreichen der Tonstreifen, sonst kann das Werkstück beim Brennen reißen oder platzen.

Tipps & Tricks

◆ Das Werkstück vor dem Aufsetzen weiterer Streifen gegebenenfalls mit dem Föhn etwas antrocknen, so ist es stabiler.

Schritt für Schritt erklärt

1 Wulst abflachen

Wie auf Seite 27 beschrieben einen Wulst formen. Diesen auf Plastikfolie legen und ein Ende abflachen, das andere Ende mit der Hand etwas hochhalten. So nach und nach den ganzen Wulst gleichmäßig flach drücken. Anschließend den Tonstrang anheben, wenden und auf der anderen Seite ebenso verfahren.

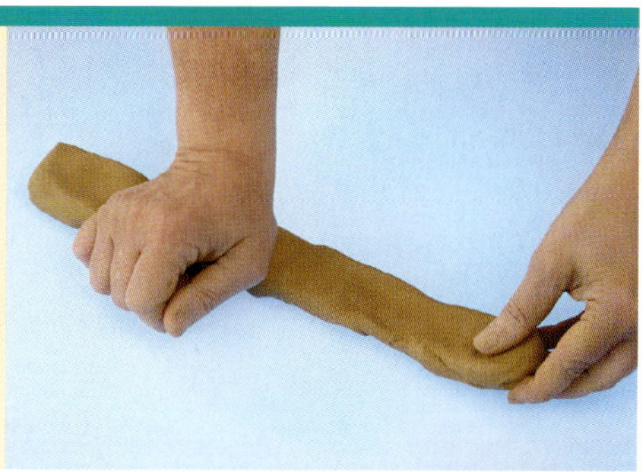

2 Ersten Tonstreifen aufsetzen

Den Rand der Bodenplatte kreuzweise einschneiden und Tonschlicker auftragen. Den Tonstreifen etwas vom Rand nach innen versetzt aufsetzen. Die überlappenden Enden schräg durchschneiden, den überschüssigen Ton entfernen. Die Schnittkanten aufrauen und Tonschlicker auftragen. Zusammendrücken und den Ton gut verstreichen.

3 Boden fixieren

Die Wandung von innen mit einer Hand abstützen und den Überstand des Bodens mit einem abgeflachten Modellierholz in nach oben gerichteten Bewegungen verstreichen. Am besten auf einem drehbaren Untergrund arbeiten (z. B. Ränderscheibe). Dann mit einem Metall- oder Gummischaber glätten. Innen wie auf Seite 41 (Schritt 7) beschrieben mit einer dünnen Tonrolle stabilisieren.

4 Weitere Tonstreifen aufsetzen

Den aufgerauten Gefäßrand mit Tonschlicker bestreichen und den nächsten Tonstreifen mit leichtem Druck aufsetzen. Mit einer Hand innen abstützen. Überlappungen abschneiden und die Enden verstreichen. Die Kanten mit dem Modellierholz verstreichen, dann mit dem Metallschaber glätten. Von innen abstützten. Ebenso innen verfahren, dabei von außen stützen.

Flache Schale

Aus 740 g Ton in Daumendrucktechnik eine Schale formen (siehe ab Seite 18). Der Durchmesser beträgt etwa 21 cm, die Höhe ca. 3,7 cm.
Aus dem übrigen Ton einen sich an beiden Enden verjüngenden Wulst rollen. Die Enden etwas mit Wasser befeuchten, damit sich beim Aufrollen keine Risse bilden. Das eine Ende als große Schnecke aufrollen, mittig auf dem Rand anschlickern. Dann die ganze Schlange befestigen, am Ende aus dem Rest eine kleine Schnecke drehen. Die geschrühte Schale grün glasieren. Mit einem gut angefeuchteten Schwamm über den Wulst wischen, so dass die Glasur nur noch in den Vertiefungen der Schnecke stehen bleibt.

MOTIVGRÖSSE
ca. ø 21 cm

MATERIAL
- Steinzeug-Ton in Weiß, 900 g
- Steinzeug-Glasur in Grün

IDEENINSEL

MOTIVHÖHE
ca. 20 cm

MATERIAL
- Steinzeug-Ton in Rot, 800 g
- Steinzeug-Glasur in Dunkelblau, Grün und Transparent

Essig- und Ölkaraffen

Auf eine aus einer Tonplatte geschnittenen Bodenplatte (ø 5 cm) das Gefäß bauchig aufbauen. Nach ca. 8 cm Höhe den Durchmesser verringern (siehe Seite 29). Den Kannenrand mit nassen Fingern abrunden und einen Ausguss herausformen.
Für den Henkel einen 20 cm langen Wulst rollen, in Form legen, etwas antrocknen lassen und an das lederhart getrocknete Gefäß anschlickern. Kleine Oliven, Zweige und Blätter formen und auf die Karaffe schlickern.
Nach dem Schrühen das Gefäß komplett mit transparenter Glasur überziehen, die Früchte und Blätter mit dem Pinsel farbig gestalten.

Lustige Schüsseln

Aus einer Tonplatte (siehe Seite 35) einen 15 cm (10 cm) großen Kreis ausschneiden. Mit Wülsten 15 cm (9,5 cm) hoch und ø 23 cm (13,5 cm) aufbauen.
Die Verzierungen mit einem Modellierholz so markieren, dass die Oberteile den Rand berühren. Den Rand wellig schneiden, dabei um die Verzierung herumschneiden. Mit dem Finger glätten.
Mit einem flachen Modellierholz um die Verzierung fahren, dabei von innen stützen. Akzente mit kleinen Tonkugeln oder Wülsten aufsetzen oder mit einem spitzen Modellierholz einarbeiten.
Nach dem Schrühen glasieren, für Augen, Härchen und Mund die schwarze Dekorfarbe verwenden.

MOTIVGRÖSSE
Schüssel mit Mäusen
ca. ø 22 cm

Schale mit Gesicht
ca. ø 12 cm

MATERIAL MÄUSE
- Steinzeug-Ton mit Spots in Beige, 1,7 kg
- Steinzeug-Glasur in Blau und Gelb
- Dekorfarbe in Schwarz

GESICHT
- Steinzeug-Ton mit Spots in Beige, 550 g
- Steinzeug-Glasur in Blau und Gelb
- Dekorfarbe in Schwarz

WULSTTECHNIK

MOTIVGRÖSSE
ca. ø 18 cm

MATERIAL
- Steinzeug-Ton in Weiß, 500 g
- Steinzeug-Glasur in Bronze, Transparent und Gold

Schale mit Spiralornament

Als Boden eine runde Platte (ø 18 cm) formen. Einen ca. 1 cm breiten Rand 6 cm hoch aufbauen. Als Verzierung zwei Tonspiralen formen und auf den Rand mit Tonschlicker ansetzen.
Nach dem Schrühen die bronzefarbene Flüssigglasur mit einem breiten Flachpinsel auf die Außenseite auftragen, auf die Innenseite transparente Glasur.
In den Glasurbrand geben, anschließend die Spiralen golden überziehen und zum Goldbrand geben.

4 PLATTEN-TECHNIK

Hinweis

- Die Plattentechnik ist vielseitig einsetzbar und geht recht schnell, verlangt aber schon etwas Übung im Umgang mit Ton. Arbeiten Sie zuerst einige Werkstücke in den zuvor beschriebenen Daumendruck- und Wulsttechniken, ehe Sie sich daran versuchen.

Tipps & Tricks

- Eine Hilfe beim Ausschneiden gleichmäßiger Plattenteile sind Ausstechformen. Die Form kurz in Wasser tauchen und vorsichtig in den Ton drücken.

Die Plattentechnik ist vielseitig einsetzbar, mit ihr lassen sich sowohl weiche als auch feste Tonplatten verarbeiten. Die meisten Tonarbeiten können in dieser Technik gestaltet werden.
Aus festen Platten lassen sich Formen ausschneiden, die mit Tonschlicker zu Gefäßen auf eckigen Grundriss zusammengesetzt werden können. Dabei ist große Präzision und Sorgfalt nötig. Weiche Tonplatten werden eingesetzt, wenn die Platte noch geformt werden soll, z. B. für zylindrische Gefäße. Der Umgang mit weichen Platten ist wegen deren Empfindlichkeit etwas schwieriger, einfache Zylinderformen gelingen aber auch Anfängern.
Neben dreidimensionalen Gefäßen werden aus Tonplatten auch zweidimensionale Dekorationen für Haus und Garten hergestellt, die mit Glasuren oder Tonapplikationen gestaltet werden können. Das ist für Kinder ein unterhaltsamer Einstieg in die Plattentechnik.
Vor dem Verarbeiten des Tons zu Platten muss er gründlich durchgeknetet werden, bis eine homogene Masse entstanden ist. Dann wird er zwischen Leisten in der gewünschten Stärke mit einem Wellholz ausgerollt. Empfehlenswert ist es, dabei auf Zeitungspapier, Folie oder Stoff zu arbeiten, damit der Ton beim Trocknen problemlos schrumpft.

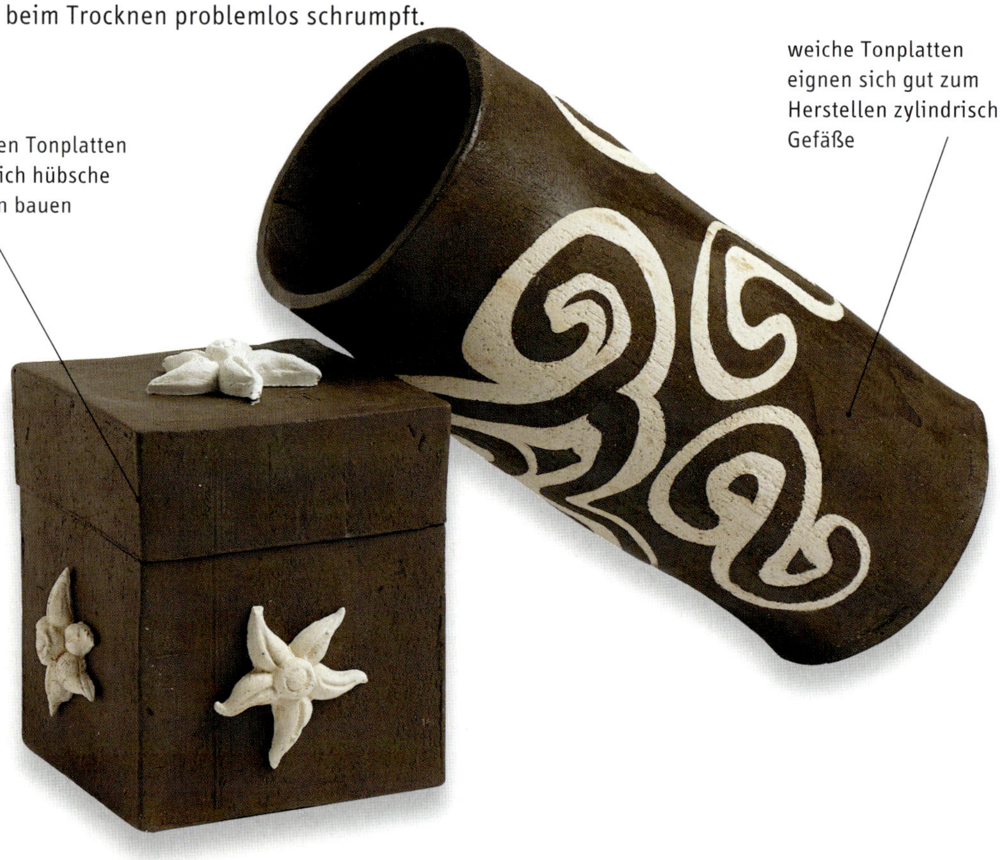

aus festen Tonplatten lassen sich hübsche Kästchen bauen

weiche Tonplatten eignen sich gut zum Herstellen zylindrischer Gefäße

FESTE Platten

Lederharte Tonplatten lassen sich gut zuschneiden und zu Gefäßen mit eckigem Grundriss aufbauen. Zuvor müssen die Nahtstellen aufgeraut und mit Tonschlicker versehen werden. Wegen der Belastung der Nähte beim Trocknen und Brennen sollte eine grobe, poröse Tonmasse mit hohem Schamottegehalt verwendet werden.

Schritt für Schritt erklärt

1 Tonbatzen abflachen

Vom Tonblock eine dickere Scheibe abschneiden und auf Plastikfolie zwischen zwei Holzleisten von maximal 6 mm Höhe legen. Mit dem Wellholz flach klopfen. Dabei wird auch enthaltene Luft ausgetrieben. Mit systematischen, gleichmäßigen Schlägen von einer Seite zur anderen arbeiten. Ist der Tonbatzen noch zu dick, wenden, um 90° drehen und von der anderen Seite weiter schlagen.

2 Ton ausrollen

Die Enden des Wellholzes auf die Holzleisten legen und den Ton vom Körper weg ausrollen. Mit gleichmäßigem Druck bearbeiten, bis ein natürlicher Widerstand des Tons zu spüren ist. Dann wenden und von der anderen Seite weiter ausrollen. So fortfahren, bis das Wellholz ohne Widerstand über die Leisten gleitet; die Platte hat nun die gewünschte Stärke.

3 Tonfläche wenden

Zum Wenden die Folie samt Ton anheben, den Ton in eine Handfläche fallen lassen und die Folie vom Ton abziehen (nicht anders herum). Die Tonplatte um 90° drehen und auf die Arbeitsfläche legen. Die Leisten wieder anlegen und weiter ausrollen. Falls sich kleine Luftblasen bilden, diese aufstechen und den Ton wieder glatt rollen.

4 Platten zuschneiden

Den Ton lederhart trocknen lassen. Dafür auf einen saugfähigen Untergrund legen (z. B. Zeitung) und gelegentlich wenden. Zum Zuschneiden Schablonen verwenden. Für akkurate Schnitte ein Lineal auflegen und mit einem spitzen Messer schneiden. Platzsparend arbeiten und den Verschnitt für spätere Verzierungen oder den Deckelrand in Folie gewickelt aufheben.

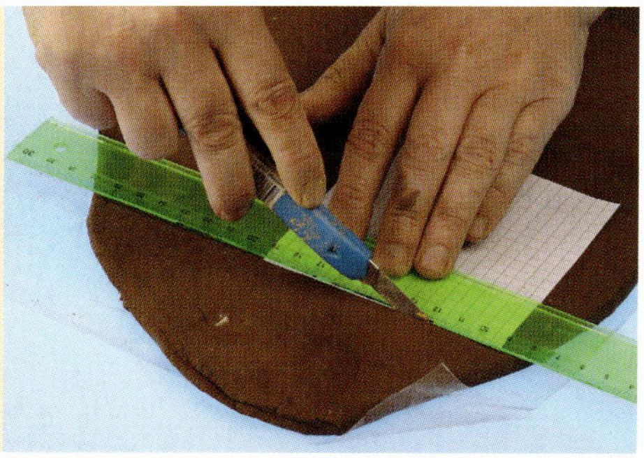

Tipps & Tricks

- Das Trocknen des Tons kann mit einem Föhn beschleunigt werden. Beim Trocknen mehrmals wenden. Der Ton ist lederhart, wenn er nur noch wenig Feuchtigkeit enthält und nicht umklappt, wenn man ihn aufrecht hält. Gegen weiteres Austrocknen die Platte wieder auf Folie legen.

- Zu trockene Platten können für eine halbe Stunde auf ein feuchtes Tuch gelegt und mit Folie abgedeckt werden.

Fortsetzung „Feste Platten“

Fortsetzung „Feste Platten“

Hinweis

- Beim schrägen Anschneiden der Plattenkanten entspricht der Abstand des Lineals zur Außenkante der Dicke der Platte. Bei 6 mm starken Platten beträgt der Abstand dementsprechend 6 mm.

Tipps & Tricks

- Man kann die Platten auch ohne Abschrägen der Ränder aneinander schlickern. Dann muss beim Zuschneiden der Platten darauf geachtet werden, dass die Wandstärke abgezogen bzw. dazugerechnet wird.

5 Plattenränder abschrägen

Für ein Kästchen ohne Deckel die Platten an drei Rändern abschrägen, für eines mit Deckel an allen vier. Der Boden wird immer an allen Rändern abgeschrägt. Für gleichmäßige Gehrungen das Lineal 6 mm von der Schnittkante entfernt (Plattenstärke) mit der Klinge am Lineal anlegen, die Messerspitze trifft am Plattenende die Arbeitsfläche.

6 Platten zusammensetzen

Den Boden auf einen drehbaren Untergrund, die restlichen Teile auf Folie legen. Eine angeschrägte Kante des Bodens und eine Längskante eines Seitenteils aufrauen und mit Tonschlicker zusammensetzen. Andrücken und zum Verfestigen mit einer Leiste leicht von außen gegen die Naht klopfen (siehe Hinweis Seite 37).

7 Weitere Platten ansetzen

Die nächste Platte unten und an einer Seite aufrauen und mit Tonschlicker andrücken. Austretener Tonschlicker ist ein gutes Zeichen: es ist dann keine Luft mehr in der Naht eingeschlossen. Die Nähte müssen absolut dicht sein, damit sie nicht reißen oder sich verziehen, deshalb anschließend mit dünnen Wülsten verstärken. Den Wulst sanft andrücken und mit einem Modellierholz verstreichen.

8 Unterseite nacharbeiten und versäubern

Zum Nacharbeiten des Bodens das Werkstück umdrehen. Klebt es durch ausgetretenen Tonschlicker am Untergrund, vorsichtig mit einem Metallschaber unter dem Rand entlangfahren. Die Nähte verstärken. Zuletzt alle Werkstückwände mit einem Metallschaber zum Körper hin glätten.

9 Gefäß trocknen

Das fertige Gefäß mit Zeitungspapier ausstopfen, damit sich die Wände nicht verziehen, und einige Tage auf einer Holzplatte – große Werkstücke unter Folie – trocknen. Kleine Objekte müssen nur am Rand und an hervorstehenden Teilen abgedeckt werden (siehe Seite 12).

DECKEL anfertigen

Deckelformen

Deckel für Gefäße werden ganz unterschiedlich hergestellt: Man kann ein Gefäß vollständig verschließen, so dass ein Hohlkörper entsteht und anschließend den oberen Bereich mit einem geraden oder wellenförmigen Schnitt (wie beim Deckel der Marmeladendose auf Seite 96) abtrennen. So entstehen Deckel, die ein Teil des Werkstücks sind. Im Gefäß können noch Halterungen gegen das Abrutschen des Deckels angebracht werden (siehe Kästchen auf dem Foto oben und Arbeitsfoto unten).

Andere Deckel sind größer als das Gefäß und haben eine Haubenform, wie z. B. die Mütze der Schneemann-Tasse auf Seite 116.

Auch mit in Form geschnittenen Platten lassen sich Gefäße verschließen. Auf der Unterseite wird hier ein Wulst ringförmig angebracht, der dem Deckel Halt gibt. So wird der Deckel der Zuckerdose von Seite 99 gearbeitet.

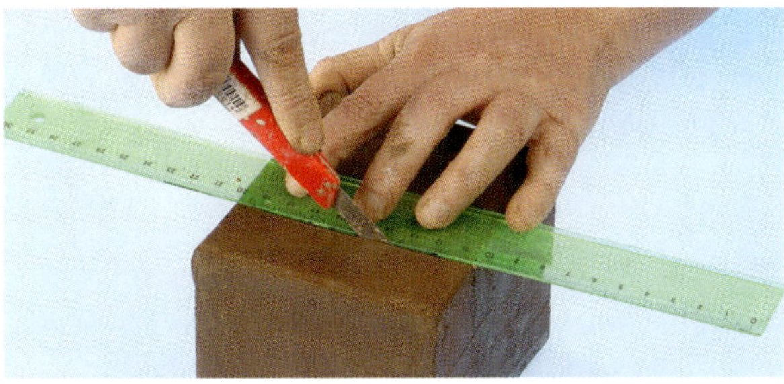

Gefäßteil als Deckel abtrennen

Um dem Kasten aus der Schrittanleitung einen Deckel zu geben, wird er mit einer an allen Seiten abgeschrägten Platte zum Würfel geschlossen. Das Tonstück sollte genau passen. Beim Zusammendrücken der Nähte den Würfel mit der freien Hand stützen, damit er sich nicht verformt. Sehr sorgfältig arbeiten. Die Nähte von außen mit dünnen Wülsten verstärken, innen erfolgt das Verstärken erst nach dem Aufschneiden des Würfels.

Die Kanten mit einer Holzleiste nachklopfen (siehe Hinweis rechts), die Oberfläche mit einem Metallschaber glätten. Dann den Würfel mithilfe eines Lineals oder für freie Formen frei Hand aufschneiden. Den Deckel sehr vorsichtig behandeln, er ist ohne die innere Nahtverstärkung sehr empfindlich. Nach dem Aufschneiden die Innennähte mit Wülsten verstärken (siehe Seite 6, Schritt 7).

Damit ein Deckel sicher auf einem Kasten hält, wird von innen an allen Seiten eine Halterung angebracht. Dafür dünne, ca. 1,5 cm breite Tonstreifen in der Länge der Innenwand (an zwei Seiten abzüglich der doppelten Streifenbreite) zuschneiden und mit Tonschlicker auf den angerauten Untergrund setzen. Die Streifen stehen etwas über den Werkstückrand hinaus.

Hinweis

◆ Nach dem Ansetzen der Platten, auf jeden Fall aber nach dem Zusammenbauen des Kästchens, alle Ecken noch einmal abklopfen. Das Werkstück mit der freien Hand an der gegenüberliegenden Seite stützen. Mit einer Leiste, einem Lineal oder einem Pfannenwender die Naht nachklopfen, um sie zu verfestigen und die restliche Luft auszutreiben. Sorgfältig nacharbeiten; durch Lufteinschlüsse können sich Nähte wieder öffnen oder das Werkstück kann beim Brand gesprengt werden. Abdrücke des Werkzeugs in der Tonoberfläche vermeiden, sie sind schwierig wieder zu entfernen. Anschließend mit einem flach gelegten Metall- oder Gummischaber alle Seiten glätten; an den Ecken besonders sorgfältig arbeiten.

Tipps & Tricks

◆ Um dünne Plättchen zu erhalten ein Stück des in die gewünschte Länge und Breite geschnittenen Tonstücks zwischen zwei Leisten in der gewünschten Stärke legen. Mit einem Schneidedraht durchtrennen. Das unten liegende Stück hat die gewünschte Stärke.

MUSTER, STRUKTUREN und DURCHBRÜCHE

Einlegearbeiten

Mit Einlegearbeiten können sowohl harte als auch weiche Tonplatten gestaltet werden, die Tonmassen müssen aber in jedem Fall eine sehr ähnliche Konsistenz bzw. ein ähnliches Ausdehnungsvermögen haben, weil sonst Risse entstehen können.

Auf die vorbereitete Platte mit Wülsten das gewünschte Muster auflegen. Für besondere Farbeffekte können auch dickere und dünnere Wülste übereinander gelegt werden. Zwischen zwei Leisten in der Stärke der Tonplatte wird dann solange über die Fläche gewalzt, bis die Fläche völlig glatt ist und das Wellholz ohne Widerstand über die Tonplatte gleitet. Die Platte darf weder Risse noch Luftbläschen enthalten. Risse mit den Fingern zusammendrücken und verstreichen, Luftbläschen mit einem spitzen Gegenstand aufstechen.

Streifenmuster

Für gestreifte Tonflächen werden verschiedenfarbige, dünn ausgewalzte Tonplatten aufeinandergelegt und mit der flachen Hand zusammengedrückt. So verbinden sich die einzelnen Schichten.
Die Streifen eignen sich vor allem für kleinere Verzierungen, die man in herausgeschnittene Teile einer Tonplatte mit Tonschlicker einarbeiten kann (vgl. Sichtbarer Wulst als Dekoelement, Seite 30). Für ganze Flächen müsste ein hoher Stapel Tonplatten mit extrem großer Kraft zusammengepresst werden; sie sind von Hand nicht herstellbar.

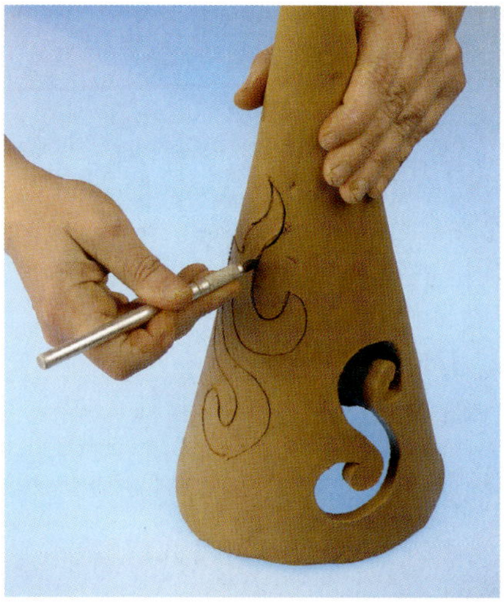

Durchbrüche

Beim Verzieren mit Durchbrüchen werden aus der Tonform kleinere und größere Muster ausgeschnitten. Der Ton muss dafür lederhart sein. Zum Herausschneiden eignet sich ein Cutter mit einer kleinen Klinge gut.
Auf dem Werkstück mithilfe von Schablonen die gewünschte Form aufzeichnen oder mit Blaupapier übertragen und diese mit dem Schneidemesser nachfahren. Für kleine Lochmuster kann ein Lochstecher verwendet werden. Bei sehr filigranen Mustern die Wand von innen abstützen. Tonkrumpen, die in den Schnittstellen haften, werden nach dem vollständigen Trocknen des Werkstücks entfernt.

Strukturen auf weichen Tonplatten

Weiche Tonplatten können mit geprägten Mustern gestaltet werden. Dafür eignen sich die verschiedensten Materialien von Spitzenstoffen über Fundstücke aus der Natur wie Gräser oder stark strukturierte Steine bis hin zu Stempeln (zum Selbermachen von Stempeln siehe Seite 23).

Die Tonplatte auf die gewünschte Stärke ausrollen (siehe Seite 35) und das Prägematerial eindrücken. Dünne Materialien wie Stoff und Gräser werden wie bei Einlegearbeiten mit dem Wellholz eingearbeitet (siehe Seite 38). Anschließend das Prägematerial wieder entfernen. Natürliches, Filigranes wie Gräser kann im Ton belassen werden, es verbrennt beim Schrühen.

Das Muster nicht zu wirr gestalten, sondern besser nach dem Motto „Weniger Materialien erzielen eine größere Wirkung" arbeiten. Mit wenigen Stempelabdrücken kombiniert mit dem diffusen Abdruck eines stark verwitterten Steines erzielen Sie eine bessere Gesamtwirkung als mit vielen im Wirrwarr angeordneten Stempeln.
Beim Gestalten der Tonplatte am besten von einem klar strukturierten Muster – z. B. einer Kreisform – ausgehen und die freie Fläche dann mit filigraneren Strukturen füllen.

Die eingeprägten Strukturen können nach dem Schrühen mit Glasurfarbe hervorgehoben werden.

Tipps & Tricks

- Schöne Strukturen lassen sich auch mit Drahtschlingen erzielen. Dazu sollte die Tonplatte aber lederhart sein.
- Nett sehen auch Kinderfüße und Hände aus, die in den Ton gedrückt werden.
- Weiche Platten können auch auf einem strukturierten Untergrund, z. B. einer Windel oder einem Spitzentuch, ausgerollt werden, so erhält die ganze Fläche eine hübsche, gleichmäßige Struktur.

WEICHE Tonplatten

Das Arbeiten mit weichen Tonplatten eignet sich für Werkstücke, die einen runden Grundriss haben und ist auch der Ausgangspunkt für die Überformtechnik. Der Ton wird wie bei der Plattentechnik mit festen Platten ausgewalzt, aber nur leicht angetrocknet. Die Technik ist etwas schwieriger als das Arbeiten mit festen Platten, einfache Formen wie Zylinder gelingen aber auch Anfängern gut.

Hinweis

◆ Wenn Sie Gebrauchsgegenstände, wie einen Weinkühler anfertigen, errechnen Sie vorher den benötigten Durchmesser der Grundform (z. B. ein Rohr), vergessen Sie dabei auch den Schrumpf des Tones beim Trocknen und Schrühen nicht (ca. 10 Prozent)!

Tipps & Tricks

◆ Beim Umhüllen der Grundform (Schritt 1) können Sie – ähnlich wie beim Anfertigen einer Biskuitrolle – den Ton auch mitsamt der Stoffunterlage aufrollen, für Anfänger kann dies einfacher sein. Einfacher ist es auch, wenn die Tonplatte leicht angetrocknet ist, sie muss sich aber noch sehr gut formen lassen.

Schritt für Schritt erklärt

Tonplatte aufrollen

1

Eine Tonplatte auswalzen und verzieren (siehe Seite 35 und 39). Die verzierte Seite nach unten auf eine Unterlage (z. B. Stoff) legen und die Folie abziehen. Die in Zeitungspapier verpackte Grundform, z. B. ein Rohr, so auf die Platte mit zugeschnittener Ober- und Unterkante legen, dass der Rand mit der Unterkante der Tonplatte abschließt. Die Platte vorsichtig und gerade um die Grundform rollen.

Überlappung abschneiden

2

Den überlappenden Ton abschneiden, dafür an die Stoßstelle ein Lineal halten und die beiden Lagen schräg durchschneiden. Je nach Vorliebe kann das Werkstück dafür aufgestellt oder hingelegt werden. Bei größeren Werkstücken evtl. von einer zweiten Person helfen lassen.

Naht schließen

3

Den Ton abrollen und die Schnittkanten anrauen und mit Tonschlicker versehen. Die Platte wieder aufrollen. Mit beiden Händen festhalten und die Naht mit dem Daumen zusammendrücken. Dabei darauf Acht geben, das Muster nicht zu zerdrücken und stückchenweise von einem Ende zum anderen arbeiten. Austretender Tonschlicker zeigt, dass die Naht dicht ist.

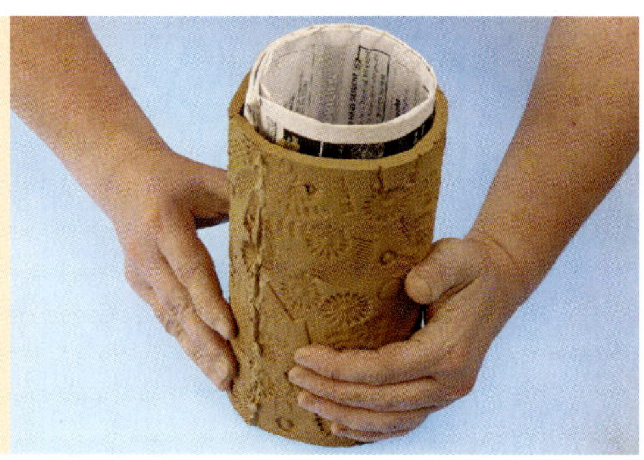

4 Bodenplatte zuschneiden

Nun die Zylinderform auf eine Platte setzen und die Kontur der Form ausschneiden. Alternativ kann die Form auch auf der Bodenplatte angezeichnet, der Zylinder entfernt und die Bodenplatte zugeschnitten werden.

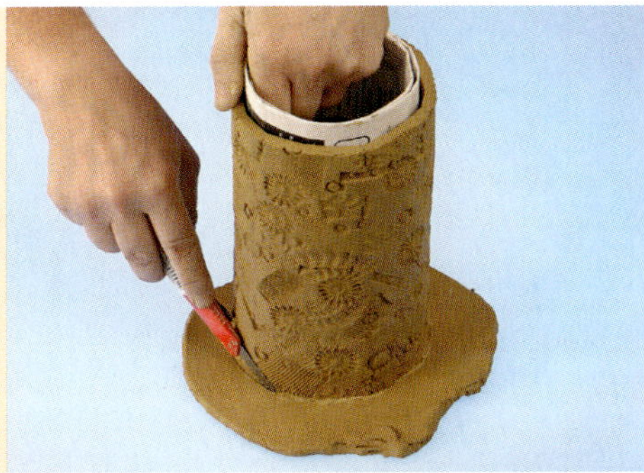

5 Boden und Zylinder verbinden

Den unteren Rand des Zylinders und den Rand der Bodenplatte kreuzweise einschneiden oder mit einer Zahnbürste aufrauen. Mit Tonschlicker akkurat zusammensetzen und mit etwas Druck anpressen, bis beides gut zusammenhält (siehe auch Tipps & Tricks). An der Außenseite mit einem spitzen Modellierholz verstreichen (siehe Seite 31, Schritt 3).

6 Grundform entfernen

Wenn der Ton in Form hält, kann die Grundform entfernt werden. Steht das Gefäß stabil, kann auch das Zeitungspapier entfernt werden, ansonsten noch etwas mit dem Papier darin trocknen (nur solange, bis der Ton anfängt zu trocknen).

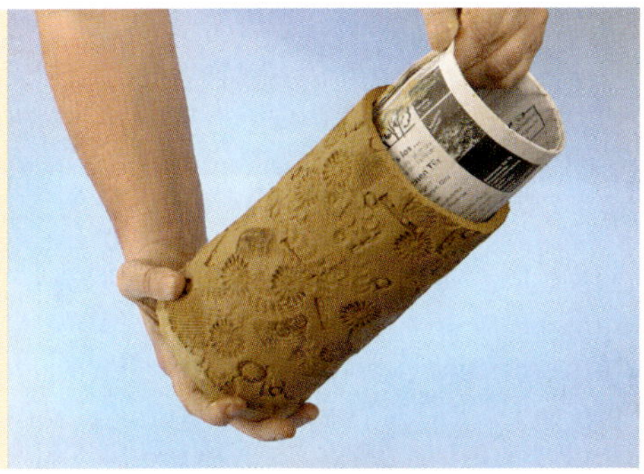

7 Naht verstärken

Zum Verstärken der Naht wird innen ein Wulst angebracht und mit den Fingern leicht angedrückt. Auch den Übergang zum Boden mit einem Wulst verstärken, diese mit einem so genannten Holzpaddel-Modellierholz glatt streichen.

8 Werkstück versäubern

Werkstücke mit geprägter Oberfläche nur am Rand mit den Fingern und einem feuchten Schwamm nacharbeiten. Glatte Oberflächen werden mit einem Metallschaber abgezogen (siehe Tipps & Tricks).

Tipps & Tricks

- Damit Boden und Zylinder nach dem Zusammensetzen in Schritt 5 noch besser halten, das Werkstück ca. 2 cm über die Arbeitsfläche heben und sanft aufstoßen.

- Zum Glätten der Oberfläche mit einem Metallschaber an der Außenwand des Gefäßes entlangfahren, dabei mit der anderen Hand von innen dagegenhalten. Falls das Gefäß schon zu fest ist, wird diese Arbeit durch das Eintauchen des Metallschabers in Wasser erleichtert.

Obstschale

In eine 21 cm x 33 cm große und 8 mm dicke Tonplatte die Gipsfüße diagonal als Fußspur eindrücken und diese antrocknen lassen, jedoch nicht zu stark, um eine Rissbildung beim Weiterarbeiten zu verhindern.
Die Tonplatte auf die längere Kante stellen und vorsichtig zu einem Halbkreis biegen. Als Füße zwei 14 cm lange Wülste waagerecht anschlickern. Die lederhart getrocknete Schale auf die Füße stellen. An den offenen Enden mit dem Lochschneider gleichmäßig verteilt je acht Löcher stechen. Nach dem Schrühbrand braun glasieren. Glattbrennen und durch die Löcher Lederriemen ziehen und beidseitig verknoten.

MOTIVHÖHE
ca. 12 cm

MATERIAL
- Steinzeug-Ton mit Spots in Beige, 1,5 kg
- Steinzeug-Glasur in Braun
- Gipsfüße zum Prägen, ca. 5 cm lang
- Lochschneider, ø 5 mm
- 2 Lederriemen, 1 cm lang

Tipp

- Gipsfüße erhalten Sie im Hobbyfachhandel.

IDEENINSEL

Wichtel

Die Grundform mit einer Schablone auf eine 6 mm dicke Tonplatte übertragen. Ausschneiden, das Kreisteil zum Kegel biegen und die geraden Kanten aneinander schlickern.
Für die Schnurarme mit dem Lochschneider gegenüberliegende Löcher stechen. Eine Kugel formen, etwas nach links versetzt unten am Rockzipfel anschlickern und mit dem Daumen eine Mulde für das Reagenzglas drücken. Beim anderen Wichtel Tonkugeln anschlickern und im lederharten Zustand ein schräges Loch bohren.
Nach dem Schrühen den Wichtel mit blauer Glasur übergießen. Oberhalb der Löcher mit dem feuchten Schwamm die Glasur am Kopf entfernen. Mit der Dekorfarbe ein Gesicht aufmalen. Den Zipfel der Mütze in die kontrastfarbene Glasur tauchen. Fertigstellen.

MOTIVHÖHE
ca. 20 cm

MATERIAL
- Steinzeug-Ton in Weiß, ca. 500 g
- Steinzeug-Glasur in Gelb und Blau bzw. Violett und Grün
- Dekorfarbe in Schwarz
- Lochschneider, ø 5 mm
- Schaschlikstäbchen und Holzwäscheklammer bzw. Schnur, 35 cm lang, und Reagenzglas, ø 1,5 cm, 16 cm lang
- Bohrer, ø 4 mm

VORLAGE
Seite 128

Vogel

Aus einer ca. 7 mm dicken, lederharten Tonplatte ein Rechteck (30 cm x 25 cm) und einen Kreis (ø 9,2 cm) ausschneiden. Zu einem Zylinder verbinden (siehe Seite 41). In den oberen Rand mit dem Messer acht Zacken schneiden.
Aus einem Stück platt gedrücktem Ton ein Dreieck ausschneiden. Eine Zacke vom Rand gerade abschneiden und direkt darunter den Schnabel anschlickern. Als Augen zwei Tonkugeln rollen und auf die Kante oberhalb des Schnabels setzen. Mit dem Modellierholz die Pupillen stechen und den Mund zackig einritzen.
Die geschrühte Vase glasieren. Die Pupillen und den Mund mit Dekorfarbe betonen. Glattbrennen.

MOTIVHÖHE
ca. 23 cm

MATERIAL
- Steinzeug-Ton mit Spots in Beige, 1,1 kg
- Steinzeug-Glasur in Blau und Gelb
- Dekorfarbe in Schwarz

Tipp

- Mit flach gedrückten Wülsten können in der gleichen Art kleine Hühner als Eierbecher angefertigt werden.

PLATTENTECHNIK

MOTIVHÖHE
ca. 20 cm

MATERIAL
- Steinzeug-Ton mit Spots in Beige, 1,35 kg
- Steinzeug-Glasur in Grün

Pralinendose

Eine ca. 7 mm dicke und 30 cm x 35 cm große Tonplatte herstellen. Zur Weiterverarbeitung etwas antrocknen lassen. Ein 17 cm x 35 cm großes Rechteck ausschneiden. An den kürzeren Seiten zu einem Rohr schließen. Mit der restlichen Tonplatte als Boden einen Zylinder herstellen. Für den Deckel aus dem Rest der Tonplatte einen Kreis von 12,5 cm Durchmesser ausschneiden. Vom Rand 1,5 cm entfernt einen Tonwulst anbringen und verstreichen. Aus einem flachgedrückten Stück Ton ein dekoratives Teil schneiden und als Knauf anbringen.
Nach dem Schrühbrand grün glasieren, am Knauf die Glasur abwischen. Glattbrennen.

5 ARBEITEN MIT FORMEN

Hinweis

◆ Zum Arbeiten mit Formen benötigen Sie Styroporformen aus dem Hobbyfachhandel, die mit Nylonstrümpfen gegen ein Festkleben des Tons bezogen werden. Profis arbeiten mit Gipsformen, wie es sie im Töpfereibedarf gibt. Diese sind recht teuer, wir zeigen Ihnen aber, wie man die Formen auch selber herstellen kann. Halten Sie dafür Plastikschüsseln, Plastikstreifen, Seifenlauge und Gips bereit.

Das Arbeiten mit Formen ist eine Möglichkeit, in kurzer Zeit identische Tonarbeiten herzustellen. Das hat nichts mit Fließbandproduktion zu tun, sondern erleichtert das Aufbauen individueller Schalen und Skulpturen. Mit konvexen, d. h. nach außen gewölbten, oder konkaven, nach innen gewölbten Formen und Tonplatten lassen sich leicht Halbkugeln herstellen, die Ausgangspunkt einer Schale oder – zusammengesetzt – einer Kugel sind.
Als Hilfsmittel zum konvexen Formen können Gipsformen aus dem Töpferbedarf oder, als günstigere Variante, Styroporformen verwendet werden, wie sie im Hobbyfachhandel in verschiedenen Größen erhältlich sind. Für das konkave Arbeiten eignen sich Schüsseln oder selbst hergestellte Gipsformen gut.
Über oder in die gewählte Form wird eine ausgewalzte Tonplatte gegeben, die gut angestrichen einen Abdruck der Form ergibt. Durch Zusammensetzen oder Ausdekorieren des Grundkörpers lassen sich viele verschiedenen Objekte verwirklichen, einen kleinen Einblick in die Möglichkeiten geben Ihnen die Modelle auf der Ideeninsel, die auch Anfänger gut umsetzen können.

kunstvolle Deko-Kugeln können aus mit Formen angefertigten Halbkugeln zusammengesetzt werden

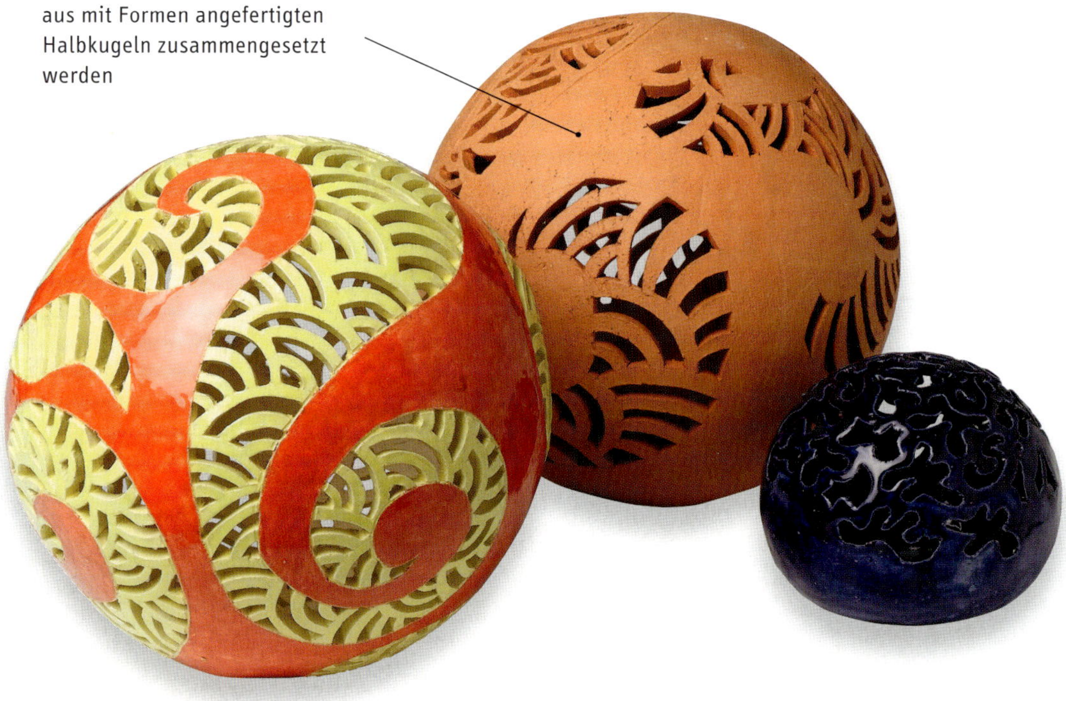

STYROPORKÖRPER überformen

Zum Herstellen von halbrunden Werkstücken eignen sich Styroporformen aus dem Bastelgeschäft gut. Diese sind in unterschiedlichen Größen und Formen erhältlich und werden vor dem Bearbeiten mit einem Nylonstrumpf bezogen. Dadurch haftet der Ton später nicht an der Form. Zusammengesetzt ergeben diese Halbkugeln Deko-Objekte wie die Kugeln links.

Schritt für Schritt erklärt

Styroporform vorbereiten

Eine ca. 5 mm starke Platte auswalzen (siehe Seite 35). Die Tonplatte anheben und über die Styroporhalbkugel legen.

1

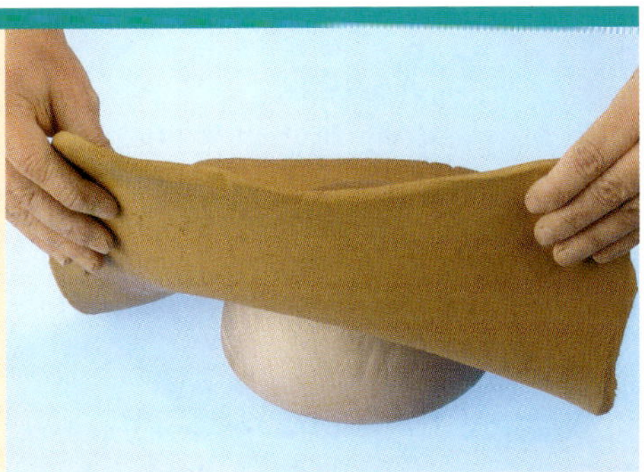

Tonplatte andrücken

Die Tonplatte zuerst mit der Handunterseite um die Kugel herum anklopfen, dann mit beiden Händen gut an die Kugel anpassen.

2

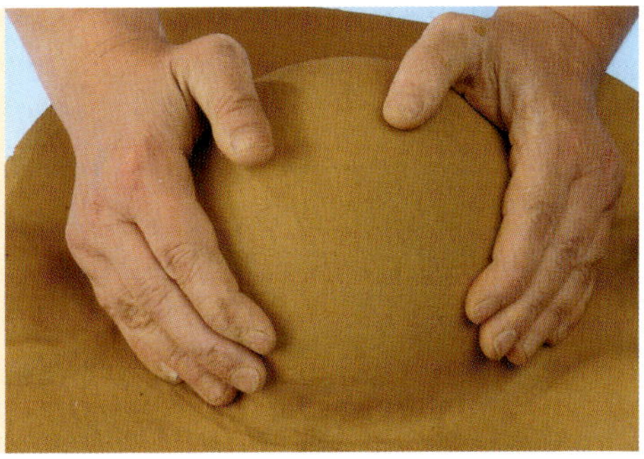

Überschüssigen Ton abschneiden

Wenn die Tonplatte fest an die Kugel angedrückt ist, wird der überschüssige Tonrand abgeschnitten. Vorher den Ton im Randbereich noch einmal fest andrücken, dafür mit dem Finger um die Form herumfahren.

3

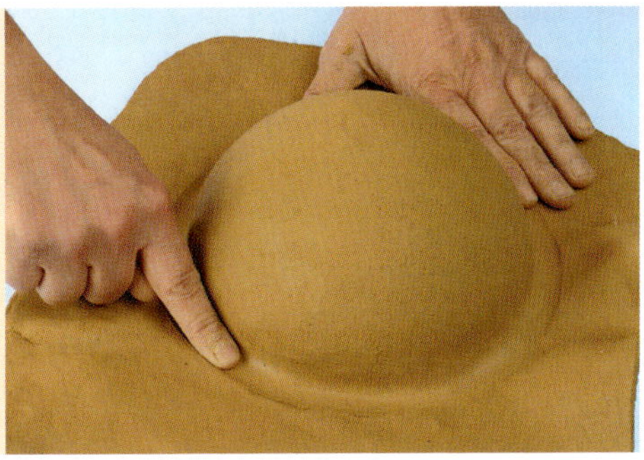

Form herausnehmen

Wenn sich der Ton ledrig anfühlt, kann die Styroporform aus dem Abdruck entfernt werden. Zum Trocknen auf den Rand stellen und ca. eine Woche trocknen lassen (größere Formen länger).

4

Tipps & Tricks

- Größere Tonplatten kann man zum Anfassen an einem Rand zwischen zwei Holzleisten legen. Beim Hochnehmen die Leisten fest zusammendrücken, damit die Tonplatte nicht herausrutscht.

- Die Tonhalbkugel kann zum Trocknen auf eine etwas größere Styroporhalbkugel gesetzt werden. Das verhindert beim Trocknen ein Verziehen des Werkstücks.

ABFORMEN mit Gipsformen

Neben Styroporformen (siehe Seite 45) können auch Gipsformen zum Herstellen von Tonobjekten verwendet werden. Diese können Sie entweder kaufen oder günstig selber machen. Dazu brauchen Sie Gips und ein entsprechend großes Gefäß zum Abformen.

Konvexe Formen

Zum Herstellen von Gipsformen für das Überformen wird eine Schüssel in der gewünschten Größe mit Gips ausgegossen. Die Form soweit ausgießen, dass die Masse leicht unter den Rand reicht und einige Male an die Seiten schlagen, damit die Luft entweicht. Damit die Gipsmasse nicht an der Schüsselwand haften bleibt, diese vorher mit Seifenlauge einstreichen. Nach dem Trocknen des Gipses die Form stürzen. Den Gipsabdruck mit einem Schwämmchen von den Seifenresten säubern und ggf. mit einer Feile etwas nacharbeiten.

Konkave Formen

Um Formen herzustellen, die Sie mit Ton auslegen können, fertigen Sie einen Positivabdruck davon an. Dafür einen Ring aus Plastikstreifen auf eine Holzplatte setzen. Das Ganze von außen gut mit Ton abdichten, so dass die Gipsmasse nicht auslaufen kann. Anschließend die Abgussform einsetzen und alles mit Seifenlauge einstreichen. Die Form mit Gips ausgießen. Wenn der Gips abgebunden hat (er wird dann etwas warm), die Verschalung entfernen und die Form auslösen. Abschließend die Form mit einem feuchten Schwamm auswischen und trocknen lassen.

Arbeiten mit konkaven Formen

Eine konkave Form kann mit einer großen Tonplatte abgeformt werden (diese hineinlegen und gut anpressen), sie eignet sich aber auch gut, um kleine Tonstücke wie zu Spiralen gedrehte Wülste einzulegen. Diese mit etwas Druck Stück für Stück einpressen und die Zwischenräume mit kleinen Tonkugeln füllen. Mit einem Pinsel Tonschlicker auftragen, damit die Einzelteile gut zusammenhaften. Den Schlicker mit dem Finger gut verstreichen. Dabei verschmiert das Muster, beim späteren Glätten der Oberfläche lässt es sich aber wieder herausarbeiten.

Hinweise

- Die Form zum Abgießen bei konkaven Formen muss gut mit Ton abgedichtet werden. Dafür einen dicken Wulst weichen Ton darum herum formen. Dieser Ton kann danach nicht mehr zum Töpfern verwendet werden.

- Die Gipsformen werden nach dem Trocknen gut mit einem feuchten Schwamm von innen und außen von der Seifenlauge gereinigt, sonst kann der Gips dem Ton die Feuchtigkeit nicht entziehen.

Tipps & Tricks

- Beim Anrühren der Gipsmasse das Pulver gleichmäßig ins Wasser geben, bis die Masse gesättigt ist. In kreisförmigen Bewegungen rühren, bis alle Klumpen gelöst sind. Sobald ein Widerstand spürbar ist, die enthaltenen Luftblasen durch Schlagen gegen den Eimer mit einem Holzstück entfernen.

HALBKUGELN verbinden

Zwei in der Überformtechnik angefertigte Formen können mit Tonschlicker zu einem Hohlkörper verbunden werden. Vorher müssen die Ränder gut aufgeraut werden, damit die Teile optimal haften. Die Halbkugeln in einer leicht drehenden Bewegung zusammendrücken und mit etwas Druck aneinander pressen, bis die Verbindung hält.

Schritt für Schritt erklärt

1 Naht verstärken

Die Naht der zusammengesetzten Kugel mit einem dünnen Tonwulst verstärken. Den Wulst mit den Fingern oder einem Modellierholz verstreichen. Anschließend mit einem Metallschaber glätten. Das Werkstück am besten im Schoß halten und vorsichtig arbeiten, damit die Naht nicht aufspringt.

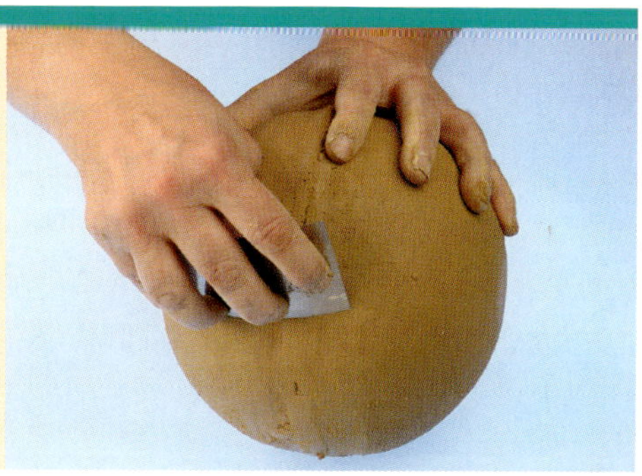

2 Unebenheiten ausgleichen

Oftmals sind Vertiefungen im Werkstück. Um diese auszugleichen, etwas Ton aufsetzen und mit einem Metallschaber verstreichen, bis eine glatte Oberfläche entsteht. Danach die Oberfläche mit einem Kochlöffel oder einer Leiste glatt und rund klopfen.

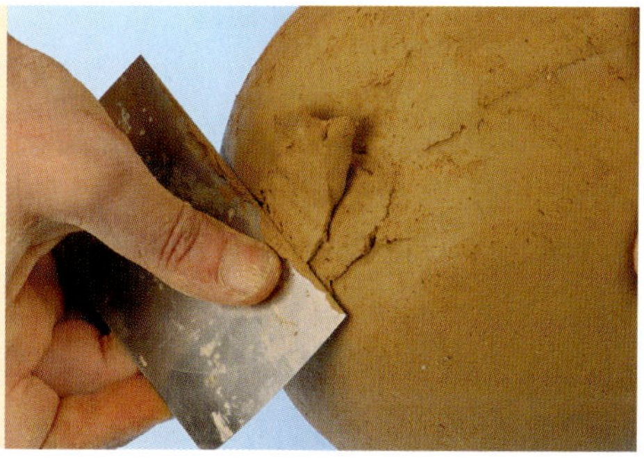

3 Loch einstechen

Wenn die Kugel die gewünschte Form hat, wird mit einer Töpfernadel ein kleines Loch eingestochen. Das Loch darf nicht zu groß sein, sonst fällt die Form zusammen. Das Werkstück nun äußerst vorsichtig behandeln, es verformt sich ohne die eingeschlossene Luft leicht. Ohne das Loch würde das Werkstück beim Brennen platzen.

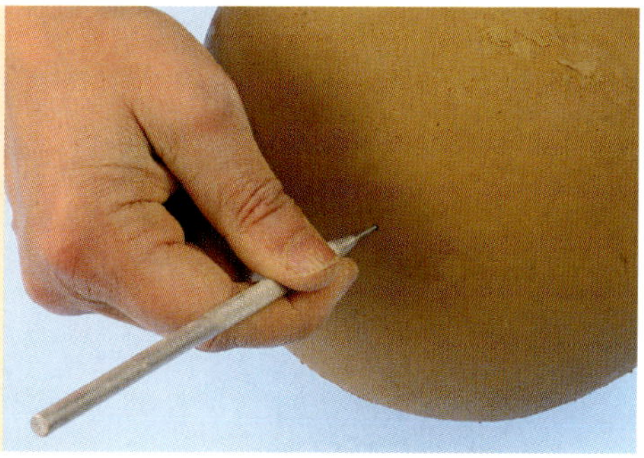

4 Form nach dem Trocknen glätten

Nach dem Trocknen (ca. ein bis zwei Wochen) kann die Form mit feinem Schleifpapier geglättet werden. Anschließend schrühen (siehe Seite 12) und nach Wunsch glasieren (siehe ab Seite 13).

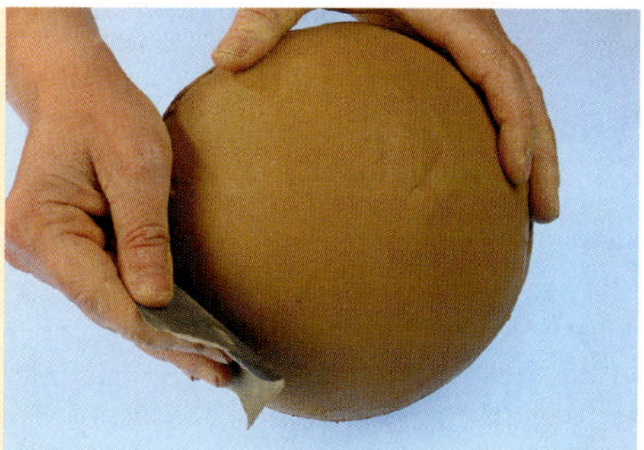

Hinweise

- Klopfen Sie die Oberfläche des Werkstückes unbedingt vor dem Einstechen der Kugel in Schritt 3 ab. Die eingeschlossene Luft verhindert, dass sich das Werkstück verformt und durch das Abklopfen wird die Naht verstärkt.
- Kleine Risse im Werkstück immer sofort schließen. Die entsprechende Stelle mit zueinander gerichteten Fingern zusammendrücken und etwas frischen Ton darüber streichen.

Käseglocke

Eine Halbkugel (Seite 45) und eine 25 cm große Scheibe (Seite 35) herstellen. Den Rand vorsichtig nach oben biegen und glätten.
Für die Ohren zwei 7 cm große Scheiben ausschneiden und ausformen. Für den Schwanz einen langen, am Ende spitz zulaufenden Wulst rollen. Die Nase aus einem ca. 6 cm großen, hohlen Kegel formen und leicht nach oben biegen. Darauf eine kleine Kugel setzen. Alles anschlickern.
Einen Mund einschneiden und zwei Rechtecke als Zähne anbringen. Als Haare ein kleines Tonstück aufsetzen und etwas einritzen. Schrühen und mit dem Pinsel glasieren. Glattbrennen.

MOTIVHÖHE
ca. 24 cm (Teller)

MATERIAL
- Steinzeug-Ton in Weiß, 2 kg
- Steinzeug-Glasur in Grau, Rosa, Schwarz, Weiß und Gelb
- Styroporhalbkugel, ø 20 cm
- Nylonstrumpf

IDEENINSEL

MOTIVHÖHE
ca. 15 cm

MATERIAL
- Steinzeug-Ton in Weiß, 600 g
- Steinzeug-Glasur in Rosa und Dunkelrosa
- Styroporei, ca. 15 cm hoch
- Lochschneider, ø 1 cm
- Nylonstrumpf
- Glitzerpulver
- Klarlack

Deko-Osterei

Eine Eiform wie auf Seite 45 beschrieben herstellen. Für den Boden eine Platte auswalzen und zuschneiden. Die Kanten aufrauen und Ei und Boden mit Schlicker zusammensetzen. Alle Kanten gut verstreichen.
Für das Schleifenband einen ca. 4 cm breiten und 20 cm langen Streifen zuschneiden und auf das Ei schlickern. Für die Schlaufen vier Streifen, ca. 4 cm x 10 cm, zuschneiden und hübsch drapiert fixieren. Der „Knoten" ist 1 cm x 2 cm groß. Zuletzt Löcher in das Ei stechen. Ca. zwei Wochen trocknen lassen, dann schrühen, glasieren und glattbrennen. Für den Glittereffekt das Ei mit Klarlack besprühen und Glitter in den feuchten Lack streuen.

Sternkugel

Zwei Halbkugeln wie auf Seite 45 beschrieben herstellen. Aus einer 3 mm stark ausgewalzten Tonplatte Dreiecke (6 cm hoch und 5 cm breit) ausschneiden und rund um eine der Halbkugeln anschlickern und gut verstreichen. In drei Zacken Löcher für die Aufhängung stechen. In beide Halbkugeln mit einem spitzen Cutter viele kleine Sterne schneiden.

MOTIVHÖHE
ca. 18 cm

MATERIAL
- Steinzeug-Ton in Rot, 1 kg
- Styroporkugel, teilbar, ø 15 cm
- 2 Nylonstrümpfe
- Kordelband in Blau

Tipp

- Hängen Sie die Sternenkugel mit einem Teelicht im Inneren an Ihre Zimmerdecke – durch das eingearbeitete Muster zeichnen sich dann im Dunklen viele Sterne an Wänden und Decke ab.

ARBEITEN MIT FORMEN

MOTIVGRÖSSE
ca. ø 38 cm

MATERIAL
- Steinzeug-Ton in Weiß, 6 kg
- Steinzeug-Glasur in Braun-, Grün- und Rottönen sowie Transparent
- große Blätter, z. B. von Ginkgo, Engelstrompete, Ahorn, Eiche, Feige, Flieder, Esskastanie
- Lampenfassung
- große Plastikschüssel, ø ca. 35 cm

Blätterlampe

Auf 5 mm starke Tonplatten zwölf Blätter auflegen und zum Übertragen der Blattadern und Konturen leicht mit einem Wellholz eindrücken. Ausschneiden, die Ränder glätten, dann die Blätter wieder abziehen.
Einen breiten Ring (ca. 1 cm dick) aus Ton formen, durch diesen muss später die Lampenfassung passen. Diesen auf eine mit Zeitungspapier gepolsterte, auf den Kopf gestellte Schüssel legen und die Blätter nacheinander mit Tonschlicker ansetzen. Ca. zwölf Stunden trocknen lassen, dann auf eine kleinere Schüssel durchtrocknen lassen. Nach dem Schrühen von innen transparent und von außen bunt glasieren. Glattbrennen.

6 FIGUREN ANFERTIGEN

Hinweis

- Im Ideenpool des Buches finden Sie eine große Auswahl an fröhlichen und dekorativen Figuren für Haus und Garten. Wenn Sie noch nicht so viel Erfahrung im Arbeiten mit Ton haben, helfen Ihnen die Schwierigkeitsgrade bei der Motivauswahl weiter.

Im bisherigen Teil des Workshops haben Sie die Grundlagen im Umgang mit Ton und verschiedene Aufbau-Techniken kennen gelernt, nun sind Sie gerüstet, komplexe Figuren anzufertigen.

Das Modellieren und Aufbauen von Figuren ist die vielleicht größte Herausforderung, denn Schablonen helfen hier selten weiter, vielmehr sind dreidimensionale Vorstellungskraft, Gefühl, etwas Durchhaltevermögen und viel Freude am Formen erforderlich.

Wenn Sie noch nicht allzu viel Übung im Modellieren haben, beginnen Sie mit einfachen Figuren wie den lustigen Gartenhennen, deren Körper in Plattentechnik angefertigt werden und die nur wenige modellierte Einzelteile enthalten. Katze und Maus, in Wulst- und in Daumendrucktechnik angefertigt, werden Ihnen auch gelingen, an den Drachen aus der Schrittanleitung sollten sich erst Geübte wagen. Beim Anfertigen dieses Tieres werden alle im Buch vorgestellten Techniken kombiniert.

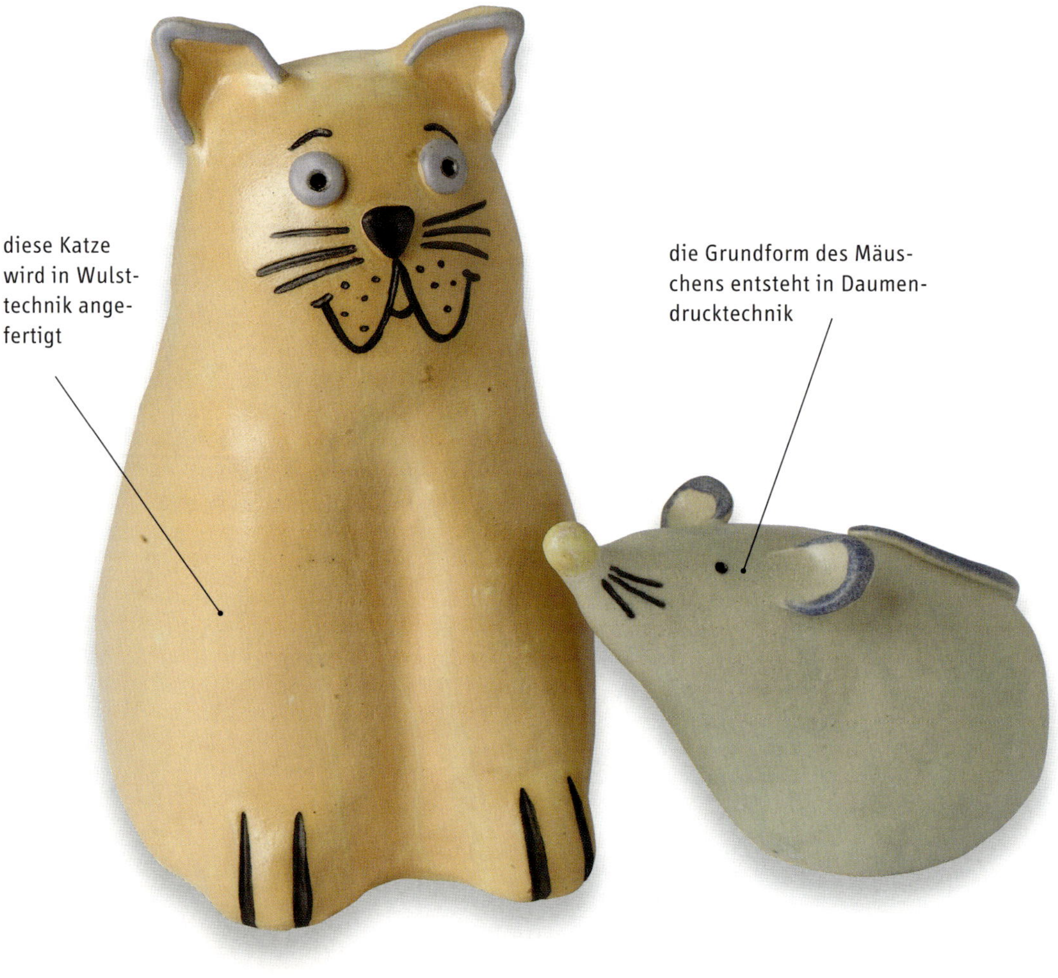

MODELLIEREN von klein bis groß

Von Hand modellieren

Figuren lassen sich am besten ohne Hilfsmittel mit den Händen formen. Die Modellierhölzer kommen dort zum Einsatz, wo die Finger zu dick sind oder bei Verzierungen, z. B. bei den Flügeln des Vogels. Generell ist beim Einsatz der Modellierhölzer Ausprobieren angesagt, denn der Phantasie und den Möglichkeiten sind keine Grenzen gesetzt.
Kleine Tiere, wie der Vogel und die Maus, können massiv gearbeitet werden. Bei etwas größeren Figuren sticht man mit dem Lochschneider von unten ein Loch in den Körper. Noch größere Arbeiten höhlt man mit einer Drahtschlinge von innen aus.

Modellieren mit Wülsten

Bei den Katzen werden die Grundkörper in Wulsttechnik aufgebaut. Durch das engere oder weitere Aufsetzen der Wülste lassen sich Figuren gut aufbauen und auch sehr große Arbeiten sind möglich. Durch Eindrücken bestimmter Partien kann der Grundkörper weiter plastisch ausgearbeitet werden, Ohren, Schnauze und mehr werden aus separat geformten Teilen aufgesetzt. Geschlossene Körper, die in Wulsttechnik aufgebaut sind, können oben erst einmal handbreit offen gelassen werden. Dies erleichtert das Ausarbeiten der Figur. Es kann von innen mit einer Hand dagegen gehalten oder gedrückt werden, wenn Körperteile hervorstehen oder eingedrückt werden sollen. Ist man mit der Form zufrieden, wird das Loch geschlossen.

Modellieren mit Tonplatten

Sowohl flache, als auch plastische Figuren lassen sich leicht mit Tonplatten arbeiten. Die Grundformen der Figur wird aus einer Tonplatte zugeschnitten und mit separat geformten Tonteilen gestaltet. Für plastischere Arbeiten können zwei Tonplatten aneinander gefügt und voluminös ausgeformt werden.

Tipps & Tricks

- Schlicker dient nicht nur zum Zusammensetzen der Tonteile, sondern kann auch dekorativ zum Einsatz kommen, z. B. als Haare.

Hinweise

◆ Den fertigen Drachen finden Sie im Ideenpool auf Seite 88. Das hier beschriebene Modell ist ein kleiner Drache (ca. 15 cm hoch), für größere Tiere die Teile entsprechend anpassen.

Schritt für Schritt erklärt

Körper in Überformtechnik

Mithilfe von zwei Styroporeiern in Überformtechnik den Körper anfertigen und die Hälften im lederharten Zustand zusammenschlickern (siehe Seite 45 und 47). In der Zwischenzeit können Sie Beine, Arme, Kopf und Flügel vorbereiten.

1

Fuß anfertigen

Eine ca. 1 cm dicke und 6 cm lange Platte formen und zwei Längslinien bis zur Mitte einschneiden. Die Zehen etwas auseinander ziehen und spitz ausformen. Vertiefungen mit einem Finger einstreichen. Damit es wie Krallen aussieht, vorne mit einem Holzstäbchen bogenförmig anritzen (siehe Schritt 3).

2

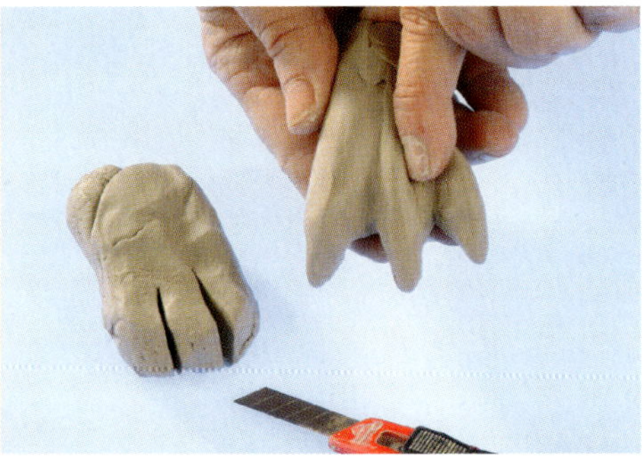

Bein zusammensetzen

Das hintere Fußteil zur Ferse hin schräg nach unten abschneiden. Für das untere Beinteil ein dickes, tropfenförmiges Stück formen und gegengleich ein zweites aufsetzen. So entsteht der Eindruck, der Drache würde sitzen. Ebenso das zweite Bein anfertigen.

3

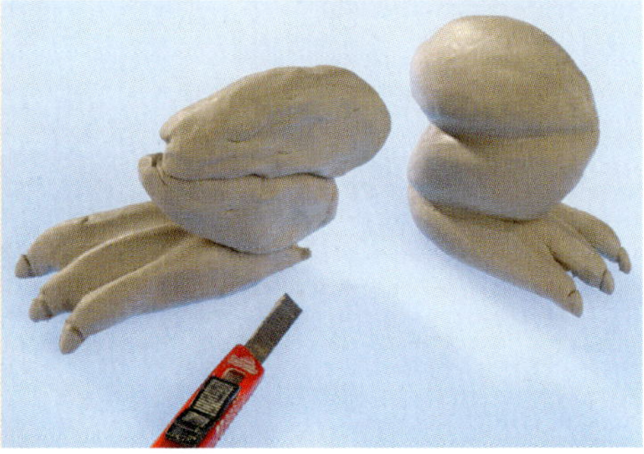

Unterarm anfertigen

Für die Finger vier dünne Wülste formen und aneinander setzen. Als Handfläche und Unterarm ein längliches Tonstück anformen und mit den Fingern verstreichen. Der Daumen wird erst nach dem Verstreichen angesetzt (siehe Foto Schritt 5).

4

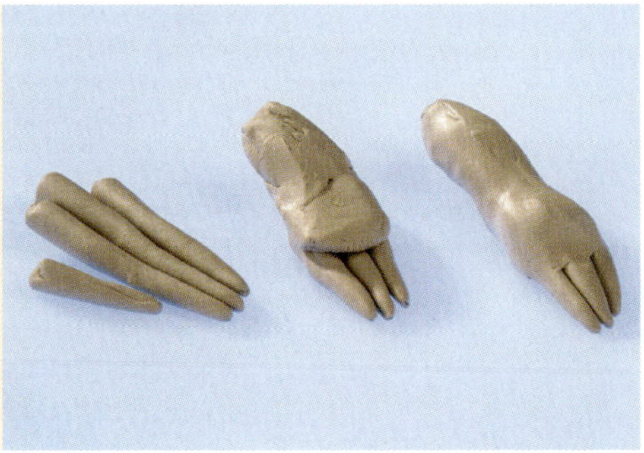

Oberarm an Unterarm setzen

Den Arm bildet ein Tonwulst, der nach vorne dünn zuläuft und dort mit der Hand verbunden wird. Die dickere Seite, also den Oberarm, schneidet man an der Stelle, wo sie mit dem Körper verbunden wird, passend zu. Ebenso den zweiten Arm anfertigen.

5

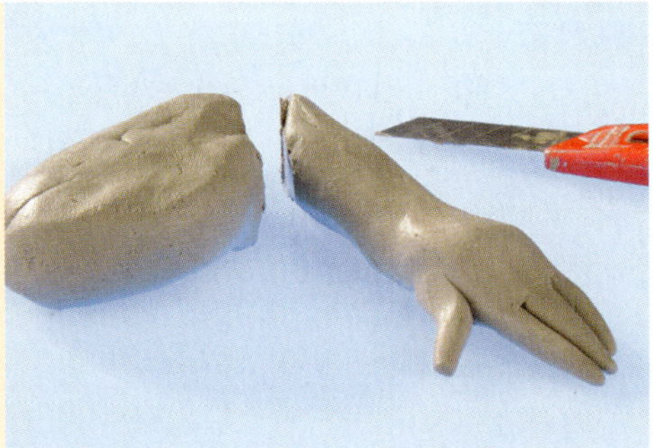

Hand ausarbeiten
Die Fingerkuppen mit einem Cutter bogenförmig einschneiden, so dass sie wie Krallen aussehen.

6

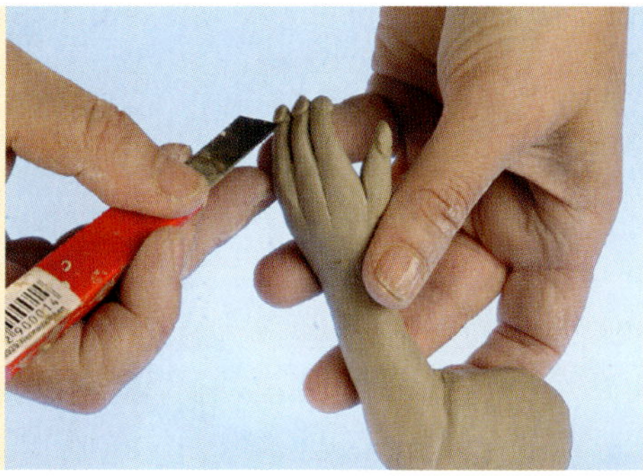

Hals anfertigen
Für den Hals eine ca. 1 cm starke Tonplatte auswalzen. Daraus einen zur Größe des Drachens passenden Zylinder formen (ø ca. 3,5 cm, 10 cm lang, siehe Seite 40), eine Seite etwas weiten und diesen leicht krumm biegen.

7

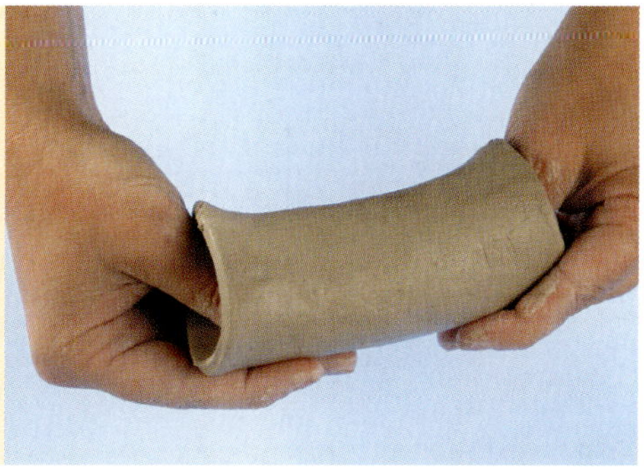

Kopf anfertigen
Für den Kopf wird eine Kugel in Daumendrucktechnik geformt. Diese nur zu einer Seite dünnwandig, ca. 1 cm stark, ausformen, der vordere Bereich bleibt massiv.

8

Gesicht formen
Den massiven Bereich der Kugel nach oben schauend vor sich hinlegen. Mit dem Daumen die Schnauze, mit Mittel- und Ringfinger den Hinterkopf halten. Für die Einbuchtungen mit den Zeigefingern etwa in Augenhöhe beginnend mehrmals zur Schnauze hin streichen, während die Daumen sie etwas platt drücken.

9

Schnauze formen
Die Schnauze mittig mit einem Messer einschneiden und die Kiefer auseinander ziehen. In das Unterteil eine Vertiefung einarbeiten und auch die Außenseite abrunden. Den Oberkiefer ebenso etwas ausformen.

10

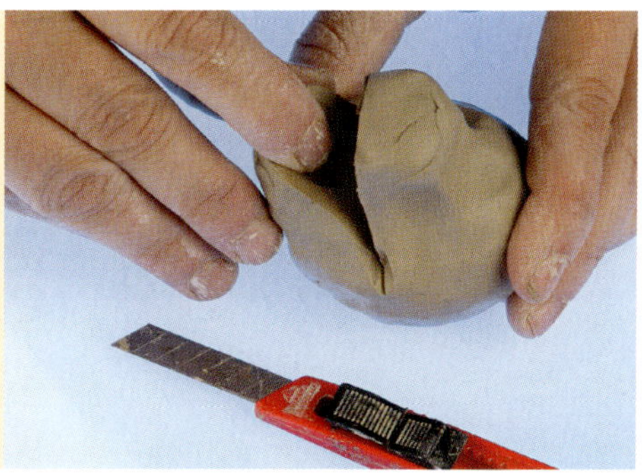

Hinweise

- Wenn Sie mit Kindern arbeiten, verwenden Sie statt eines Cutters ein normales Küchenmesser zum Schneiden des Tons. Verzierungen können auch mit spitzen Holzstäbchen eingeritzt werden.

Fortsetzung „Figuren anfertigen"

Fortsetzung „Figuren anfertigen“

Tipps & Tricks

- Wenn der Hals für die Figur zu weit ist, kann ein v-förmiges Stück herausgeschnitten werden. Die Kanten aufrauen und wieder aneinander schlickern.

11 Nasenlöcher arbeiten

Für die Nasenlöcher mit einem spitzen Modellierholz Löcher einstechen und diese durch Nach-Oben-Ziehen des Werkzeuges ausformen. Für einen plastischen Effekt über den Nasenlöchern und seitlich davon den Ton mit dem Modellierholz etwas eindrücken (siehe Foto Schritt 13).

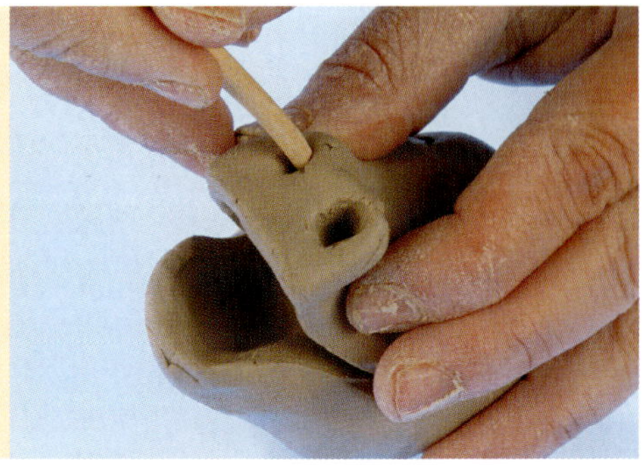

12 Bäckchen aufpolstern

Wirken die Bäckchen des Drachens eingefallen, können sie von innen etwas herausgedrückt oder mit kleinen Tonstücken aufgepolstert werden. Die Übergänge gut verstreichen.

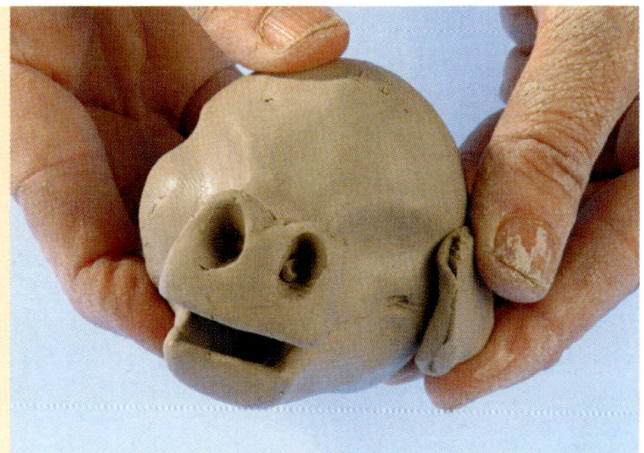

13 Augen anfertigen

Die Augenhöhlen drückt man mit einem dünnen Holzstift ein. Diesen wie bei den Nasenlöchern zum Ausformen noch etwas nach oben ziehen. Als Augenlider werden zwei kleine Wülste über die Augen gesetzt. Die Übergänge gut verstreichen. Als Augen zwei Kügelchen formen und als Wimpern kleine Wulste darauf setzen. Die Wimpern vor dem Anbringen noch mit dem Messer anritzen.

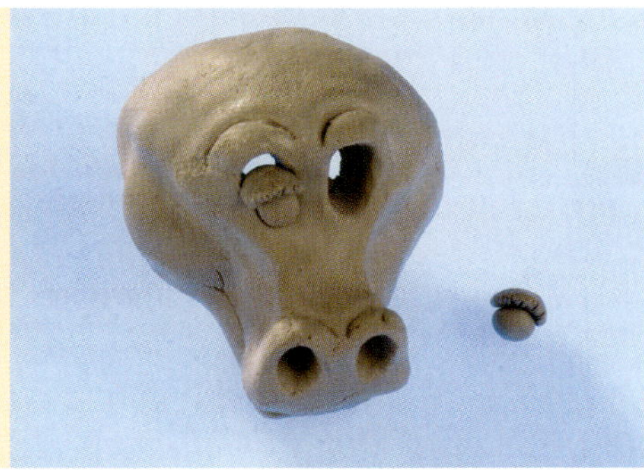

14 Hinterbeine anbringen

Nun die Hinterbeine an den Körper anschlickern. Die entsprechenden Stellen vorher mit einem Messer kreuzweise einschneiden oder mit einer Zahnbürste aufrauen. Die Übergänge gut verstreichen.

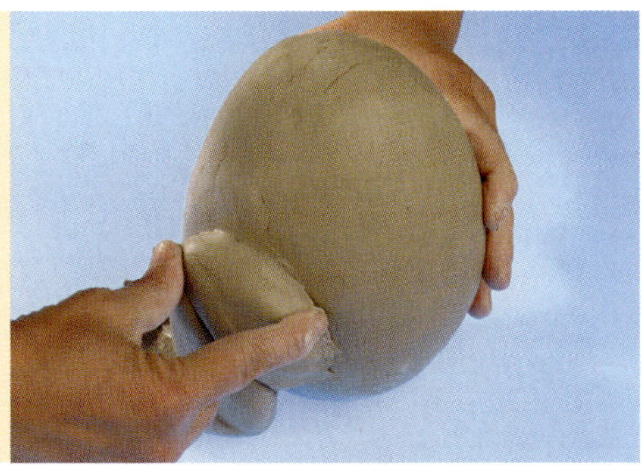

15 Hals aufsetzen

In die Eiform des Körpers oben einen kreisrunden Ausschnitt schneiden, der etwas kleiner als die weitere Seite des Halsstückes ist. Die Kontakstellen gut aufrauen und mit Tonschlicker bestreichen.

Hals anbringen

Den Hals ansetzen und in Form biegen. Dafür den Zeigefinger einer Hand in die obere Öffnung stecken und den Hals nach unten biegen, während die andere Hand das Halsende auf den Körper drückt. Die Übergänge vom Hals zum Körper gut verstreichen.

16

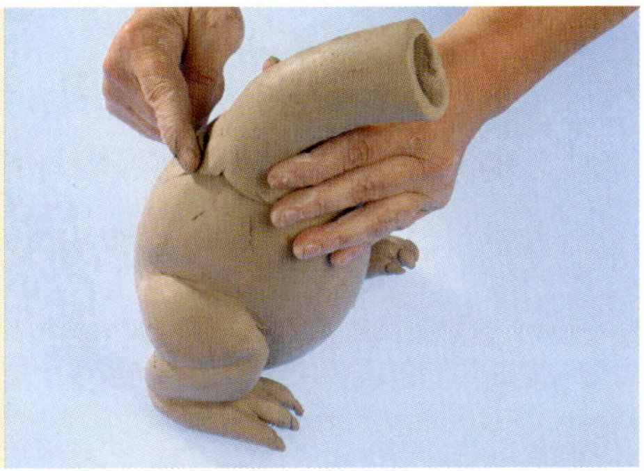

Hals und Kopf verbinden

Der Hals wird senkrecht abgeschnitten, so dass ein glatter Schnitt entsteht.
An der Stelle, wo der Hals an den Kopf gesetzt wird, muss noch ein Loch in die Kopfform geschnitten werden. Die aufgerauten und mit Tonschlicker bestrichenen Teile zusammendrücken und die Übergänge gut verstreichen. Ggf. noch mit extra Tonstückchen ausarbeiten.

17

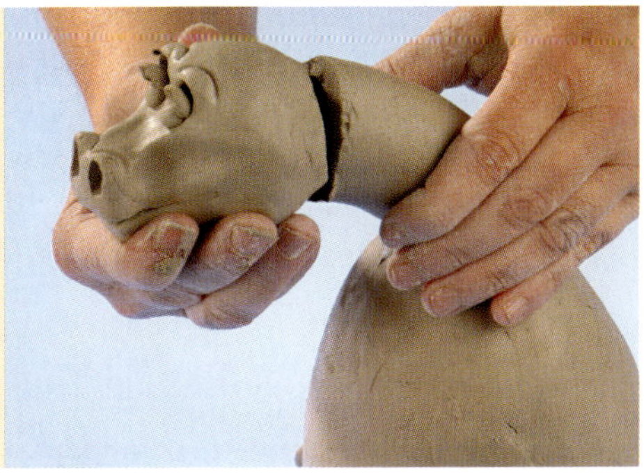

Arme und Ohren ansetzen

Nun die Arme und die modellierten Ohren anbringen. Die Kontaktstellen wieder sorgfältig vorbereiten (kreuzweise einschneiden oder mit der Zahnbürste aufrauen) und mit Tonschlicker bestreichen.

18

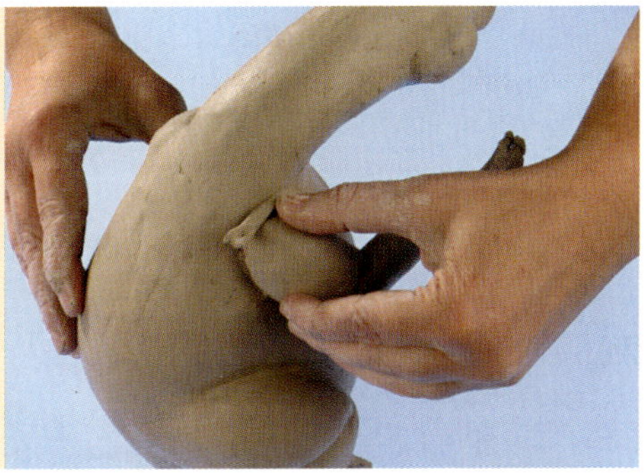

Schwanz anbringen

Für den Schwanz biegt man einen spitz zulaufenden Wulst schlangenförmig und höhlt den hinteren, massiven Bereich etwas aus. An der entsprechenden Stelle im Körper ein Loch einschneiden und die Kontaktstellen gut vorbereiten.

19

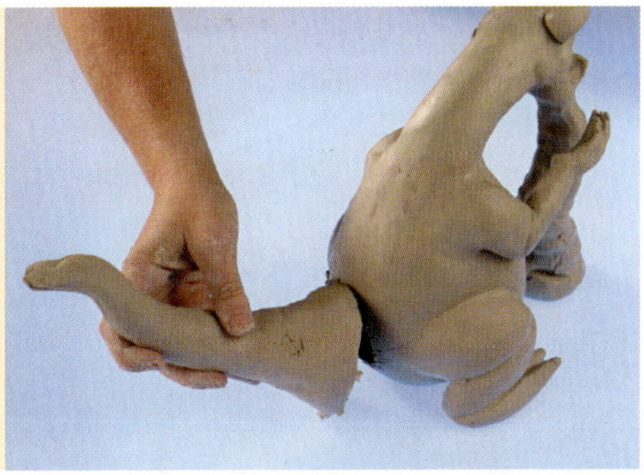

Restliche Teile ansetzen und verzieren

Aus Tonplatten einen zackenförmigen Streifen und die Flügel zuschneiden. Den Streifen vom Kopf bis zum Schwanzende aufsetzen, die Flügel etwa in Schulterhöhe anbringen. Damit das Tier nicht umfällt, Stützen aus Ton unter Kopf und Schwanz setzen (bleiben stehen, bis der Drache getrocknet ist).

20

Tipps & Tricks

- Für das Zuschneiden von Tonteilen können Schablonen angefertigt werden.

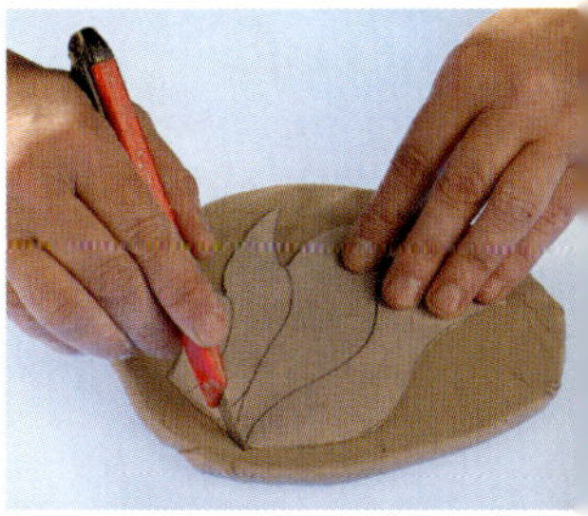

- Die Flügel des Drachens erhalten eine schöne gewölbte Form, wenn sie in der Handfläche ausgeformt werden.

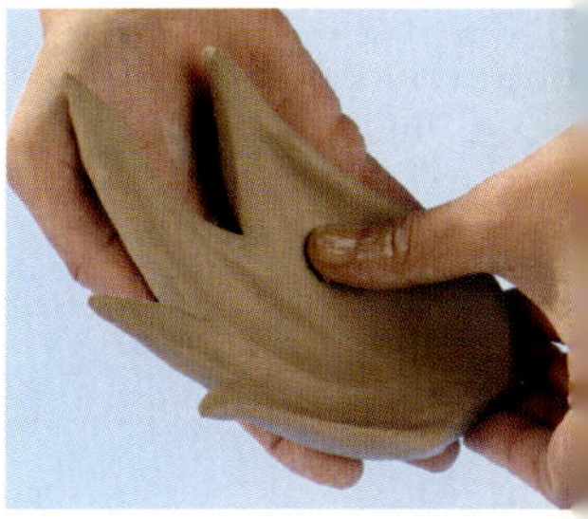

Kresseigel

In Überformtechnik eine Halbkugel anfertigen. Für die Schnauze einen ca. 6 cm hohen Kegel formen. An der Unterseite mit dem Daumen ein Loch eindrücken und den Kegel ausarbeiten, bis er die gewünschte Form hat. Eine kleine Kugel aufsetzen. In die Halbkugel ein Loch schneiden (etwas kleiner als der Kegel) und den Kegel aufsetzen. Die Wangen dick aufpolstern und den Mund mit dem Messer einschneiden. Direkt über den Kopf einen Tonstreifen (5 mm dick, 1,5 cm breit) anschlickern und verstreichen. Die Igelstoppeln mit einem Holzstäbchen einritzen. Zuletzt die Augen arbeiten. Trocknen und schrühen.

MOTIVHÖHE
ca. 10 cm

MATERIAL
- Steinzeug-Ton in Rot, 1,5 kg
- Styroporkugel, ø 15 cm
- Nylonstrumpf

Tipps & Tricks

- Der Igel sieht lustig mit einem Kressefell aus: Die Samen kurz in lauwarmes Wasser legen und dann auf den Igel streuen. In die Sonne stellen.

IDEENINSEL

MOTIVGRÖSSE
ca. 28 cm

MATERIAL PRO STECKER
- Steinzeug-Ton in Weiß, 200 g
- Steinzeug-Glasur in Blau und Schwarz
- Dekorfarbe in Schwarz

Tipp

- Anstelle der Haare kann ein Blatt auf den Kopf gesetzt werden. Die Blattadern mit einem Hölzchen einritzen. Für den Schnittlauchstecker schneidet man einen welligen Kreis aus.

Kräuterstecker (Basilikum)

Einen Tonwulst (31 cm lang) rollen. Ein Ende als Kopf dicker, das andere spitz zulaufen lassen. Unter dem Kopf als Hals dünner drücken. Aus einer 6 mm dicken Tonplatte ein Schild (2,5 cm x 5 cm) schneiden und an den Ecken abrunden. Anschlickern.
Als Hände zwei Tonkugeln rollen, beim Anbringen etwas flach drücken und mit einem spitzen Modellierholz je zwei Kerben eindrücken. Zwei Kügelchen als Augen anschlickern. Mit dem Modellierholz die Pupillen stechen und den Mund einritzen. Als Haare Schlicker auftragen. Nach dem Schrühbrand mit dem Pinsel bemalen.

Ringhalter (Fisch)

Aus dem Ton ein großes Ei formen und etwas platt drücken. Mit dem Messer an der oberen Seite für die Zacken dreimal einschneiden. Die so abgetrennten Teile mit den Fingern dünn auslaufend nach oben ziehen. Das Unterteil der Hinterflosse aus dem Körper herausformen. Zwei Tonkügelchen als Augen aufdrücken. Mit einem spitzen Modellierholz die Pupillen stechen und den Mund ziehen.
Den geschrühten Fisch in die hellgrüne Glasur tauchen. Die Augen mit dem Pinsel blau anmalen und den Mund mit Dekorfarbe nachziehen.
Die Schlange in gleicher Technik wie den Fisch arbeiten.

MOTIVHÖHE
ca. 10 cm (Fisch)

MATERIAL
- Steinzeug-Ton in Weiß, 370 g
- Steinzeug-Glasur in Hellgrün und Blau
- Dekorfarbe in Schwarz

Tipp

- Je nachdem, wie viel Ringe man aufbewahren möchte, kann man die Schlange beliebig verlängern oder auch mehrere Ringe auf einen Zacken stecken.

FIGUREN ANFERTIGEN

MOTIVHÖHE
ca. 30 cm

MATERIAL
- Steinzeug-Ton in Rot, 2 kg
- Steinzeug-Glasur in Blau und Gelb bzw. Weiß
- Styroporkugel, ø 20 cm
- Nylonstrumpf

Vögel

Den Kugelkörper in Überformtechnik herstellen, für den Hals aus einer Tonplatte ein Rohr formen. Den Kopf wie beim Drachen beschrieben ausarbeiten. Für den Schnabel einen dicken Wulst rollen und spitz zulaufend ausarbeiten. Dann in der Länge etwas flach drücken. Die obere Schnabelhälfte ausformen, indem man mit dem Finger links und rechts der Mitte mit leichtem Druck eine Schnabellinie zieht. Auf den Kopf setzen und die Wangen aufpolstern. Die Schnabelteilung mit einem Holzstift ziehen. Alle Teile zusammensetzen und die Musterlinien einritzen. Trocknen, schrühen, glasieren und glattbrennen.

WOHNRAUM-
ACCESSOIRES

FÜR DEN
GARTEN

GEBRAUCHS
KERAMIK

DURCHS
JAHR

FÜR KINDER

IDEENPOOL

Immer die passende Idee

Im Ideenpool finden Sie Tonarbeiten zu den Themenbereichen Wohnraum-Accessoires, Gebrauchskeramik, durchs Jahr sowie Arbeiten für Kinder.
Bei diesen Beispielen kommen viele Techniken zur Anwendung, die Sie im Workshop geübt haben. Wenn Ihnen etwas schwierig erscheint, blättern Sie einfach zurück zum Workshop und schauen Sie bei der Erläuterung zur entsprechenden Technik noch einmal nach.

Mit praktischen Materiallisten

Zu jeder Arbeitsanleitung gehört eine Liste mit den nötigen Materialien. Hier wird alles angeführt, was Sie brauchen. Außerdem erfahren Sie, in welcher Größe wir die jeweilige Arbeit gestaltet haben. Auf dieses Format beziehen sich die Angaben bei den Vorlagenzeichnungen ab Seite 128. Die Angabe ist jedoch nur als Vorschlag zu verstehen. Natürlich steht es Ihnen frei, jede beliebige Größe zu wählen und das Motiv entsprechend anzupassen.

Tipps und Tricks für gutes Gelingen

Wie im Workshop finden sich auch im Ideenpool wieder viele Tipps & Tricks sowie wichtige Hinweise, so dass einem guten Gelingen nichts mehr im Wege steht! Unsere Erfahrungen sind in diese Tipps eingeflossen. Aber es ist nicht ausgeschlossen bzw. sogar höchstwahrscheinlich, dass Sie bei der eigenen Arbeit noch andere Erfahrungen machen bzw. neue Erkenntnisse gewinnen. Wir empfehlen Ihnen, solche Dinge zu notieren und Ihre eigene Liste der Tipps & Tricks zu erstellen.

Hinweise

◆ Bei den Modellanleitungen im Ideenpool werden die einzelnen Techniken nicht mehr ausführlich beschrieben. Dank eines Verweises auf die entsprechende Workshopseite können Sie aber alles Wissenswerte zur jeweiligen Technik schnell nachlesen.

Die Modelle im Ideenpool sind in folgende Schwierigkeitsgrade unterteilt:

- ○ einfach
- ○○ etwas schwieriger
- ○○○ anspruchsvoll

WOHNRAUM-ACCESSOIRES

SCHNECKENBRUNNEN

1 Die Kugel in Überformtechnik herstellen (siehe ab Seite 44) und die zwei Halbkugeln nach dem Antrocknen zusammensetzen (siehe Seite 47). Die benötigten Tonplatten 5 mm stark auswalzen, als Form die teilbare Styroporkugel verwenden.

2 Danach den Kugelboden so ausschneiden, dass später die Pumpe hineinpasst und eine Vertiefung für das Pumpenkabel eindrücken. Oben in die Kugel wird mit dem Lochschneider ein kleineres Loch geschnitten, durch das der Wasserschlauch geführt werden kann.

3 Für die kleinen Schneckenhäuser Wülste, die zu einer Seite spitz zulaufen, anfertigen. Diese vom dickeren Ende zum spitzen Ende zu Schneckenhäuschen aufrollen.

4 Für die große Muschel einen dicken Wulst (5 cm breit, 25 cm lang) anfertigen und ebenso aufrollen. An das Ende eine halbkreisförmig zugeschnittene Platte ansetzen und diese um den Wulst herum fixieren und spitz ausformen (hinterer, glatter Teil der Muschel). In den Muschelboden (liegt auf der Kugel auf) ein Loch für den Wasseraustritt schneiden und auch auf der anderen Muschelseite ein paar weitere einschneiden, damit das Wasser gut verteilt abläuft.

5 Mithilfe der großen Styroporhalbkugel eine Schale in Überformtechnik anfertigen. Den Rand mit nassen Händen leicht nach außen biegen. Danach werden dünne Wulste gerollt und wie eine Wurzel auf den Schüsselrand gesetzt (siehe kleines Foto). Zusätzlich mit einigen Schnecken dekorieren.

6 Die große Muschel auf die Kugel setzen und die Teile anpassen. Dann gut verteilt auf der Kugel die kleinen Muschelverzierungen anschlickern.

7 Zwei Wochen lang trocknen, schrühen (siehe Seite 12), mit einem Pinsel oder durch Übergießen glasieren (siehe Seite 14) und glattbrennen (siehe Seite 15).

SCHWIERIGKEITSGRAD
◎◎

MOTIVHÖHE
ca. 25 cm

MATERIAL
- Steinzeug-Ton in Weiß, 3 kg
- Steinzeug-Glasur in Blau
- Styroporkugel, teilbar, ø 15 cm
- Styroporhalbkugel, ø 20 cm
- Nylonstrumpf
- Lochschneider, ø 1 cm

Tipps & Tricks

- Mit Muscheln und anderen modellierten Meeresformen können Sie auch ein hübsches Mobile anfertigen, wie Sie auf Seite 80 sehen!

DEKO-KELCHE

Hinweis

- Zur Dekoration kann in die Schale eine Stumpenkerze gestellt oder Obst angerichtet werden. Durch die Transparentglasur in der Innenschale kann die Schale bedenkenlos für Lebensmittel genutzt werden.

- Die Schalen können auch in Überformtechnik hergestellt werden (siehe ab Seite 44).

SCHWIERIGKEITSGRAD
ʘʘʘ

MOTIVHÖHE
ca. 30 cm und 32 cm

MATERIAL PRO KELCH
- Ton in Weiß, ca. 1,5 kg
- Flüssigglasur in Transparent und Gold sowie Orange oder Gelb

1 Eine Schale in Daumendrucktechnik formen (siehe ab Seite 18). Dafür eine Halbkugel (ø 6 cm) aus Ton formen. In diese mit dem Daumen einen Hohlraum drücken und soweit vergrößern, bis eine Halbschale entstanden ist. Mit dünnen Tonwülsten weiter aufbauen, bis eine Weite von 17 cm erreicht ist (siehe Seite 29).
Für den größeren Kelch eine runde Platte mit 15 cm Durchmesser als Boden, einen 17 cm hohen Stiel und eine Schale mit Durchmesser 22 cm arbeiten.

2 Für den Fuß eine runde Platte (ø 14 cm) als Boden ausschneiden. Für den Stiel einen ca. 20 cm langen und 3 cm dicken Wulst formen. Damit der Stiel beim Brennen nicht platzt, mit einem dünnen Holzstab (z. B. Kochlöffel) der Länge nach durchstechen. Leicht antrocknen lassen, damit der Stiel stabil wird.

3 Anschließend auf die Bodenplatte schlickern und den Boden durchstechen, damit sich der Hohlraum vom Stiel durchzieht. Etwas antrocknen lassen.

4 Eine kleine Kugelform aus Wülsten auf dem Stiel aufbauen.

5 Nach dem Schrühbrand die orangefarbene oder gelbe Flüssigglasur außen mit einem breiten Flachpinsel auftragen, die Schaleninnenseite mit Transparentglasur versehen. Glattbrennen, erst dann die Goldglasur auftragen. Anschließend goldbrennen (siehe Seite 15).

COUCHTISCH-DEKO

Schale

1 Aus einer 1 cm dicken Tonplatte eine Platte mit ø 45 cm schneiden. Diese in einer Schale ausformen: Die Schale mit Plastikfolie auslegen, die Tonplatte auflegen und einformen. Den Rand 4 cm bis 7 cm unregelmäßig überstehen lassen, den Rest abschneiden. Den Ton leicht antrocknen lassen.

2 Das Werkstück aus der Form nehmen und den Rand mit Ornamenten verzieren. Dazu einen ca. 22 cm langen, unterschiedlich breiten Streifen herausschneiden. Aus dem Ton kleine Kugeln formen und wieder in den Ausschnitt einsetzen. Auf der Rückseite mit Ton verbinden und diesen mit dem Messer glatt streichen.

3 Nach dem Schrühbrand die Flüssigglasur mit einem breiten Flachpinsel auftragen (siehe Seite 14). Bei der weißen Schale nach dem Glasurbrand einzelne Kügelchen in der Randverzierung golden bemalen. Goldbrennen (siehe Seite 15).

Herzen

1 Eine Tonkugel (ø 8 cm) zu einem Herz formen. In der Mitte mit dem Messer durchschneiden, so dass zwei Herzhälften entstehen. In Daumendrucktechnik (siehe ab Seite 18) jede Hälfte auf die gewünschte Größe formen. Dann die Hälften mit Tonschlicker zusammensetzen und die Nahtkante mit dem Messer versäubern (siehe Seite 47).

2 In den Hohlkörper mit einem Schaschlikstab ein bis zwei Öffnungen einstechen, um ein Platzen beim Brennen zu vermeiden. Für die antik wirkenden roten Herzen vor dem Trocknen rotes Eisenoxyd in die Tonoberfläche einmassieren.

3 Nach dem Schrühbrand (siehe Seite 12) die orangefarbene Glasur mit einem breiten Flachpinsel auftragen, dann glattbrennen (siehe Seite 15). Durch das eingearbeitete Eisenoxyd bei den vorderen Herzen erhält hier die Glasur eine ungleichmäßige antike Färbung.

SCHWIERIGKEITSGRAD
ʘʘ

MOTIVGRÖSSE
Schale ø ca. 31 cm
Herz ca. 12 cm

MATERIAL SCHALE
- Ton in Weiß, 2,6 kg
- Flüssigglasur in Schwarz-Silber bzw. Weiß und Gold
- Schale, ø 33 cm

JE HERZ
- Ton in Weiß, 600 g
- Eisenoxyd in Rot, ca. 300 g
- Flüssigglasur in Orange

Hinweis

- Zum Überformen der Schale eignen sich auch kleinere oder höhere Schüsseln, je nachdem wie das Tonobjekt aussehen soll. Es können Keramik- oder Kunststoffschüsseln verwendet werden.

BADEZIMMER-ACCESSOIRES

Tipps & Tricks

◆ Hat man keine runde Seife zur Hand, lässt sich in gleicher Weise eine viereckige Schale formen.

SCHWIERIGKEITSGRAD
ⵚⵚ

MOTIVGRÖSSE
Zahnputzbecher ca. 10 cm
Seifenschale ca. 11 cm

MATERIAL ZAHNPUTZBECHER
- Steinzeug-Ton mit Spots in Beige, 300 g
- Steinzeug-Glasur in Violett und Gelb

SEIFENSCHALE
- Steinzeug-Ton mit Spots in Beige, 230 g
- Steinzeug-Glasur in Violett und Gelb

Zahnputzbecher

1 Für den Boden des Zahnbechers aus einer Tonplatte einen Kreis von 7 cm Durchmesser ausschneiden (siehe Seite 35). Auf diesen in Wulsttechnik den Becher aufbauen, bis man eine Höhe von 11 cm erreicht. Den oberen Rand etwas nach außen auslaufen lassen (siehe Seite 29).

2 Für das Entchen einen 8 cm langen Wulst (ø ca. 1 cm) rollen und zu einem Ring schließen. Daran einen Kopf formen. Die Augen und den Mund mit einem spitzen Modellierholz markieren. Den Zahnbürstenhalter an dem Becher anschlickern (siehe Seite 11).

3 Den geschrühten Becher violett glasieren (siehe Seite 14) und den Schnabel mit Gelb betonen. Vorher die dunkle Glasur abwischen. Glattbrennen (siehe Seite 15).

Seifenschale

1 Aus einer 7 mm starken Tonplatte einen 11 cm großen Kreis ausschneiden (siehe Seite 35). Einen ca. 33 cm langen Wulst am Rand der Platte anschlickern (siehe ab Seite 27). Mit dem Finger beidseitig verstreichen.

2 Aus einem Wulst einen Entenkopf formen und an der Kante anbringen. Sieben Kugeln von 1 cm Durchmesser gleichmäßig verteilt in der Schale festdrücken, so dass sie eine ebene Fläche erhalten.

3 Die geschrühte Seifenschale violett glasieren (siehe Seite 14) und den Schnabel gelb anmalen. Vorher die dunkle Farbe abwischen. Glattbrennen (siehe Seite 15).

BLUMENTOPF-DORF

1 Mithilfe einer Styroporkugelhälfte und einer 7 mm starken Tonplatte in Überformtechnik die Schale herstellen (siehe ab Seite 44). Dies erfordert Geschick, weil eine Platte in dieser Größe leicht reißen und Falten bilden kann.

2 Wenn der Ton lederhart ist (siehe Seite 12), die Form aus der Schale nehmen und diese auf eine 7 mm stark ausgewalzte Tonplatte setzen. Die Kontaktstellen vorher gut anrauen und Tonschlicker auftragen.

3 Die Häuser werden in Plattentechnik aus 3 mm stark ausgewalzten Tonplatten hergestellt. Manche sind aus festen Platten angefertigt (die eckigen, siehe ab Seite 35), andere werden zylinderförmig aufgebaut (siehe ab Seite 40). Für die Dächer Kegel in Daumendrucktechnik formen (siehe ab Seite 18). Verzierungen aus Wülsten und Kügelchen arbeiten. Insgesamt werden etwa zehn Häuser benötigt, sie sind 10 cm bis 30 cm groß.

4 In die gut angetrocknete Schüssel oben eine Öffnung für einen Blumentopf einschneiden. Ein 6 cm breiter Rand muss aber zum Anbringen der Häuser und Türme stehen bleiben!

5 In diesen Rand mit einem Lochschneider Löcher zum Einstecken der Lichterketten schneiden. Dann die Gebäude lose aufsetzen und die Mauerstücke fixieren. Als Mauer separat zugeschnittene, etwas angetrocknete Streifen aufsetzen, die Muster sind mit einem Messer eingeritzt.

6 Alles zwei Wochen lang trocknen lassen. Dann Schüssel und Gebäude separat schrühen (siehe Seite 12). Die Gebäude mit einem Pinsel glasieren (siehe ab Seite 13) und nach dem Glasurbrand mit Holzleim auf den Schüsselrand setzen. Die Lichterkette einstecken, dann kann das Dorf im Dunklen beleuchtet werden (siehe kleines Foto rechts).

SCHWIERIGKEITSGRAD

☺☺☺

MOTIVHÖHE

ca. 30 cm

MATERIAL

- Steinzeug-Ton in Rot, 4 kg
- Steinzeug-Glasur in Weiß, Rot, Schwarz und Blau
- Styroporkugel, teilbar, ø 30 cm
- Nylonstrumpf
- Lochschneider, ø 1 cm
- Holzleim
- Lichterkette in Weiß

Tipps & Tricks

- Stellen Sie sich zum Zuschneiden der Seitenwände und Dachteile für die eckigen Häuser am besten Pappschablonen her!
- Sie können einzelne Türme auch als Windlichter gestalten, wie Sie unten auf dem kleinen Foto links sehen.

FÜR DEN GARTEN

HÜHNER & SCHNECKEN

Hühner

1 Die Hühner werden in Plattentechnik gearbeitet (siehe ab Seite 34). Für jedes Huhn zwei ca. 1,5 cm dicke Tonplatten, 20 cm x 30 cm, herstellen und je zwei Körperteile mithilfe von Schablonen ausschneiden.

2 Die Körperteile leicht nach außen wölben und am Rand ca. einen Zentimeter breit zusammenschlickern (siehe Seite 11). Unten etwa sechs Zentimeter offen lassen, damit das Huhn später auf einen Stock gesteckt werden kann. Evtl. den Zwischenraum zum Trocknen mit Zeitungspapier ausstopfen, damit der Körper schön bauchig wird. Mit einem flachen Modellierholz den Körper an der Schlickernaht glätten.

3 Aus tropfenförmig modellierten Tonstücken jeweils drei Federn für den Schwanz und den Kopf modellieren. Augen, Schnabel, zwei Seitenflügel und Kehlläppchen unter dem Schnabel anbringen und die Hühner gut durchtrocknen lassen.

4 Die Hühner schrühen (siehe Seite 12), mit dem Pinsel glasieren und glattbrennen (siehe ab Seite 13). Mit der transparenten Glasur werden alle Bereiche bemalt, die weiß bleiben sollen.

Schnecken

1 Ungefähr 350 g Ton mit den Händen kegelförmig ausrollen (ca. 30 cm bis 35 cm lang). Dann den Kegel unter leichtem Druck über ein gesplittertes Holzscheit rollen, damit die Maserung eines Schneckenhauses entsteht. Anschließend wie ein Schneckenhaus aufrollen und von innen vorsichtig die Fugen verstreichen.

2 Aus dem restlichen Ton eine dicke Rolle formen (ca. 24 cm lang) und an beiden Seiten mit dem Daumen etwas flach drücken. Evtl. von unten etwas aushöhlen. Vorne zwei kleine Fühler anschlickern und das Schneckenhaus auf den Schneckenkörper schlickern.

3 Das hintere Ende des Schneckenkörpers etwas umbiegen, damit die Schnecke an einen Blumenkübel oder Gartenzaun gehängt werden kann.

4 Die gut durchgetrocknete Schnecke schrühen (siehe Seite 12), dann mit dem Pinsel glasieren und glattbrennen (siehe ab Seite 13).

SCHWIERIGKEITSGRAD

MOTIVGRÖSSE
Hühner ca. 26 cm und 30 cm
Schnecken ca. 17 cm

MATERIAL
JE HUHN
- Steinzeug-Ton in Weiß, je Huhn 3 kg
- Steinzeug-Glasur in Dunkelrot, Hellblau, Dunkelgrün, Dunkelbraun und Transparent (kleines Huhn) bzw. in Hellbraun, Hellgrün mit braunen Pünktchen, Mittelblau, Rot und Dunkelbraun (großes Huhn)

JE SCHNECKE
- Steinzeug-Ton in Weiß, ca. 500 g
- gesplitterter Holzscheit
- Steinzeug-Glasur in Hellgrün mit braunen Pünktchen und Hellbraun

VORLAGE
Seite 128

Hinweis

- Achten Sie darauf, dass zwischen Schneckenhaus und Körper eine Öffnung bleibt, so dass kein abgeschlossener Luftraum entsteht, der beim Schrühbrand zum Bersten des Werkstücks führen könnte.

ÜBERTOPF & WINDSPIEL

Übertopf

1 Die Übertöpfe werden in Plattentechnik hergestellt (siehe ab Seite 34). Für jeden Übertopf eine ca. 20 cm x 46 cm große, 5 mm starke Tonplatte zuschneiden. Leicht antrocknen lassen, dann Blüten, Blätter und Zweige auflegen und mit einem Wellholz vorsichtig anpressen (siehe Seite 39). Nicht zu stark aufdrücken, weil sonst die dickeren Teile durch den Ton gepresst werden.

2 Die Tonplatte ca. vier bis fünf Stunden trocknen lassen, evtl. mit einem Föhn beschleunigen. Dann laut Abbildung eine ca. 14 cm große Röhre herstellen (siehe Seite 40). Die überlappenden Enden werden nicht abgeschnitten, sondern dekorativ in Form gebogen. Den oberen Vasenrand an verschiedenen Stellen einreißen und die Enden nach unten biegen.

3 Als Verzierung kleine Schneckenhäuser anbringen. Dafür Wülste, die zu einer Seite spitz zulaufen, anfertigen. Diese vom dickeren Ende zum spitzen Ende zum Schneckenhaus aufrollen.

4 Den Übertopf samt Blättern und Zweigen trocknen und schrühen (siehe Seite 12). Nach dem Schrühen die Blüten- und Blattabdrucke mit bunten Acrylfarben anmalen (siehe Seite 14).

Windspiel

1 Die einzelnen Scheiben werden mithilfe von Schablonen aus einer 3 mm starken Tonplatte ausgeschnitten (siehe ab Seite 34). Die Durchmesser variieren von 5 cm bis 7 cm. Sie benötigen immer zwei gleich große Scheiben, die aneinander gehängt werden.

2 Die Tonscheiben mit Sonnengesichtern und gestalteten Rändern verzieren und in jede Scheibe oben in der Mitte ein Loch für die Aufhängung stechen.

3 Trocknen und schrühen (siehe Seite 12). Anschließend immer zwei Scheiben mit den Gesichtern nach außen zusammenfädeln, das klingt im Wind sehr schön.

SCHWIERIGKEITSGRAD

MOTIVGRÖSSE
Übertopf ca. 20 cm
Windspiel ca. ø 8 cm

MATERIAL JE BLUMENTOPF
- Steinzeug-Ton in Rot, ca. 2 kg
- Acrylfarbe in Grün- und Lilatönen
- frische Blumen, Blätter und Zweige

WINDSPIEL
- Steinzeug-Ton in Rot, 400 g (für 12 Plättchen)
- Nylonschnur oder Bast

Hinweis

- Die Übertöpfe sind ohne Boden angefertigt, Pflanzen können in einem Blumentopf oder Glas einfach hineingestellt werden. Wer jedoch einen Zylinder mit Boden arbeiten möchte, beachte die Anleitung ab Seite 40.

Tipps & Tricks

- Das Windspiel sieht an einen knorrigen Ast oder einen Korkenzieherweiden-Ast gehängt sehr hübsch aus. Diese einfache Arbeit macht auch Kindern viel Spaß.

GARTEN-TIERCHEN

Tipps & Tricks

- Es sieht auch witzig aus, wenn man der Maus anstelle des Tonschwanzes ein Loch in den Po sticht und daran ein Stück Lederband befestigt.

Hinweis

- Die kleine Katze wird genauso wie die große gearbeitet. Für sie benötigt man 1,25 kg Ton.

SCHWIERIGKEITSGRAD
ʘʘ

MOTIVHÖHE
große Katze ca. 27 cm
Maus ca. 10 cm

MATERIAL
GROSSE KATZE
- Steinzeug-Ton in Weiß, 2,3 kg
- Steinzeug-Glasur in Blau, Hellgrün und Gelb
- Bohrer, ø 3 mm
- Dekorfarbe in Schwarz
- Bast in Gelb

MAUS
- Steinzeug-Ton in Weiß, 430 g
- Steinzeug-Glasur in Hellgrün, Blau und Gelb
- Dekorfarbe in Schwarz

VORLAGE
Seite 129

Katze

1 Den Körper der Katze mit flach gerollten Tonwülsten aufbauen. Bis zu einer Höhe von 17,5 cm die Wülste mit leichter Neigung nach innen aufeinander setzen. Für den Kopf wieder etwas nach außen arbeiten und dann die Form in einer Höhe von 28 cm schließen (siehe Seite 31).

2 In der Mitte des Katzenkörpers mit dem Finger eine senkrechte Linie nach innen drücken. Die Pfoten und den Schwanz von innen herausdrücken (siehe Seite 51). Nun die Katze etwas trocknen lassen.

3 Für die Ohren zwei Dreiecke formen, am Kopf anbringen und zurechtdrücken. Zwei Tonkugeln als Augen beim Anbringen flach drücken. Für die Schnauze ein kleines Dreieck anschlickern (siehe Seite 11).

4 Mit einem spitzen Modellierholz das Gesicht gestalten und in jede Tatze zwei Kerben ritzen.

5 Den Fisch mithilfe einer Schablone aus einer Tonplatte ausschneiden und die Kanten mit dem Finger glatt streichen. Eine kleine Tonkugel als Auge aufsetzen und mit dem Modellierholz den Mund und die Pupille markieren. Mit dem Bohrer ein Loch für die Aufhängung eindrehen.

6 Die geschrühte Katze blau glasieren (siehe ab Seite 13). Den Fisch mit dem Pinsel grün, die Augen und den Rand der Ohren gelb anmalen. Mit der schwarzen Dekorfarbe die Vertiefungen nachfahren.

7 Nach dem Glasurbrand mit dem Bast eine Schleife um den Hals binden und daran den Fisch hängen.

Maus

1 In Daumendrucktechnik einen Mauskörper formen. Von der Schnauze beginnend nach hinten arbeiten und den Boden offen lassen (siehe ab Seite 18).

2 Für die Ohren zwei Tonkugeln formen und an den Kopf der Maus anschlickern (siehe Seite 11). Mit dem Zeigefinger in die Kugeln drücken und nach vorne flach ziehen. Einen 10 cm langen Tonwulst rollen und als Schwanz wellenförmig anbringen. Mit dem Modellierholz die Härchen einritzen und zwei Augen stechen.

3 Nach dem Schrühbrand die Maus hellgrün glasieren (siehe ab Seite 13). Mit dem Pinsel die Schnauze gelb, die Ohren und den Schwanz blau anmalen. Die Augen und Härchen mit der Dekorfarbe betonen.

CHINESISCHER DRACHE

Hinweis

◆ Höhlen Sie die Kopfform soweit aus, dass sie an der dicksten Stelle höchstens 3 cm stark ist.

SCHWIERIGKEITSGRAD
ϬϬϬ

MOTIVGRÖSSE
ca. 75 cm

MATERIAL
- Steinzeug-Ton in Weiß, 14 kg
- Steinzeug-Glasur in Graublau, Dunkelrot, Dunkelbraun, Türkisgrün und Transparent matt
- 5 Haselnussstöcke, ø 3 cm, ca. 65 cm lang
- halbierter Baumstamm, ca. 1 m lang

1 Etwa die Hälfte der Tonmasse zu ca. 1,5 cm starken Platten auswalzen (siehe ab Seite 34) und drei 10 cm breite Streifen mit einer Länge von 50 cm, 55 cm und 60 cm ausschneiden. Jeden zu einem ovalen Ring zusammenschlickern (siehe Seite 11) und oben und unten ein Loch (ø 4 cm) herausschneiden.

2 Die Zacken aus Platten laut Abbildung zuschneiden und hohl zusammenschlickern. Je Zacken werden zwei Teile benötigt. Über dem jeweils oberen Loch des Tonrings anschlickern und die Übergänge gut verstreichen. Hierin verschwindet später der Haselnussstock.

3 Für den Schwanz des Drachens zwei 1,5 cm starke, 20 cm x 20 cm große Platten anfertigen. Zwei gleich große längliche Schwanzteile nach der Abbildung aufzeichnen, ausschneiden und zusammenschlickern. Unten und oben wieder ein Loch mit 4 cm Durchmesser ausschneiden, damit später der Haselnussstock hindurch passt. Danach die Zacken für den Schwanz modellieren und anschlickern.

4 Für das Vorderteil des Drachens zwei 25 cm hohe und 13 cm breite Platten herstellen. Jeweils einen Halbkreis aufzeichnen, ausschneiden und zum halben Oval zusammenschlickern. Unten und oben jeweils ein 4 cm großes Loch für den Stab herausschneiden.

5 Anschließend den Kopf des Drachens modellieren. Dafür ein ca. 2,5 kg schweres Tonstück rechteckig formen und auf einer Seite für das Maul einschneiden. Vorsichtig aufklappen und oben und unten aushöhlen. Alle anderen Kopfteile von Hand modellieren und anschlickern. Für die Augen zwei unterschiedlich große Kugeln formen, sie halbieren und jeweils erst die größere, dann die kleinere aufsetzen. Den Kopf auf das Unterteil setzen und die Übergänge gut verstreichen.

6 Die Teile des Drachen mindestens zwei Wochen langsam trocknen lassen, dann schrühen (siehe Seite 12), glasieren und glattbrennen (siehe ab Seite 13).

7 Die Stäbe in gebohrte Löcher in den halben Baumstamm stecken und die Drachenteile aufsetzen.

DEKORATIVE STELE

1 Die unteren sieben Elemente der Stele werden gleich angefertigt: In Plattentechnik (siehe ab Seite 34, weiche Platten) die Bodenplatte (ø 21 cm) herstellen und die Seitenwand mit 1,5 cm dicken Wülsten ca. 22 cm hoch aufbauen (siehe ab Seite 26). Nach dem Antrocknen das Teil umdrehen und eine zweite zugeschnittene Platte als Deckel anbringen. Wenn der Ton etwas angetrocknet ist, in die Mitte des Bodens und des Deckels jeweils ein Loch schneiden. Dieses sollte ca. ein Drittel größer als der Durchmesser der Haltestange sein.

2 Die oberste Stelen-Spitze ebenso in Wulsttechnik auf einer Platte aufbauen, allerdings nach ca. 12 cm Höhe die weiteren Wülste nach oben verjüngend aufsetzen (siehe Seite 29). Bei ca. 17 cm Höhe mit einer Spitze schließen. Diese mit einem Holz in Form klopfen.

3 Mit einem Modellierholz beliebige grafische Muster in die Außenwände der etwas angetrockneten Stelenteile ritzen. Die Einzelteile ca. drei bis vier Wochen trocknen lassen, dann schrühen (siehe Seite 12).

4 Die Außenseite jedes Stelenteils mit einem breiten Flachpinsel glasieren und nach dem Trocknen der Farbe glattbrennen. Anschließend einige Muster mit einer Goldbemalung hervorheben. Abschließend in den Goldbrand geben (siehe Seiten 14 und 15).

5 Beim Schlosser eine rechteckige Eisenplatte (52 cm x 40 cm) mit aufstehendem Stab (ca. 1,60 m hoch, 1,5 cm stark) anfertigen lassen und die Elemente darauf auffädeln.

SCHWIERIGKEITSGRAD

ʘʘ

MOTIVGRÖSSE

ca. 1,65 cm

MATERIAL

- Steinzeug-Ton in Weiß, 4,2 kg
- Steinzeug-Glasur in Blau- und Grüntönen sowie Gold
- Eisenplatte mit Stab (vom Schlosser)

Hinweise

- Bei einer so großen Arbeit lohnt sich die Anfertigung eines Modells, an dem Proportionen und Farbwirkung ausgetestet werden können (siehe Foto unten).

- Statt in Wulsttechnik können die unteren Stelenteile auch in Plattentechnik angefertigt werden. Beim oberen Stelenteil die Spitze in Wulsttechnik aufbauen.

KUGELN & WINDSPIEL

Tipps & Tricks

- Wenn Sie Ihre Arbeit beim Einschneiden der Muster unterbrechen wollen, verpacken Sie die Kugel gut in Plastikfolie, so dass sie nicht austrocknet.

- Die Kugeln können auf der Unterseite aufgeschnitten und ein Windlicht darin platziert werden. Das ist eine hübsche Beleuchtung für Gartenpartys, macht sich aber auch im Wohn- oder Esszimmer gut.

SCHWIERIGKEITSGRAD
ꝏ

MOTIVGRÖSSE
Kugeln ca. ø 10 cm bis 20 cm
Windspiel ca. 40 cm

MATERIAL
KUGELN
- Steinzeug-Ton in Rot oder Weiß, 250 g (kleine Kugeln), 2 kg (mittlere Kugeln) bzw. 8 kg (große Kugel)
- Steinzeugglasur nach Belieben
- Styroporhalbkugeln, ø 10 cm, 15 cm und 20 cm

VORLAGE
Seite 128

Kugeln

1 Für die Kugeln wie auf Seite 45 beschrieben mithilfe von Styroporformen zwei Halbkugeln anfertigen. Diese zusammensetzen (siehe Seite 47) und lederhart trocknen lassen (siehe Seite 12).

2 Die Formen, die ausgeschnitten werden, auf kariertem Papier entwerfen und mit Blaupapier auf die Kugel übertragen. Die hier gezeigten Mustervorschläge sind sehr anspruchsvoll, das Ausschneiden braucht viel Zeit und Übung. Wenn Sie noch ungeübt im Arbeiten von Durchbrüchen (siehe Seite 38) sind, sollten Ihre Muster weniger filigran und detailreich sein.

3 Die Kanten nach dem Ausschneiden mit feuchten Fingern glätten und die Kugel trocknen lassen. Anschließend schrühen (siehe Seite 12) und nach Belieben mit einem Pinsel glasieren und glattbrennen (siehe ab Seite 13).

Windspiel

1 Für die Muscheln und das Seepferdchen eine Tonplatte von etwa 5 mm Stärke auswalzen (siehe ab Seite 35). Den Ton beim Auswalzen ab und zu wenden, damit er nicht am Tisch haften bleibt. Daraus die Muscheln und das Seepferdchen ausschneiden.

2 Die Kanten des Seepferdchens glatt streichen und sein Gesicht und Muster mit einer Töpfernadel arbeiten. Ein Loch für die Aufhängung stechen.

3 Die Ränder der großen Muschel mit feuchten Fingern etwas abrunden. Dann die Muschel in eine Handfläche legen und plastisch ausformen. Dafür die Hand etwas schließen und die Muschel mit dem Daumen der anderen Hand nachformen. Auf der Vorderseite mit einer Töpfernadel die Muschelzeichnung einritzen und mit einem Schaschlikstäbchen Löcher zum Anbringen der kleinen Anhänger stechen. Ebenso die kleinere Muschel anfertigen. Sie erhält nur ein Aufhängeloch.

4 Für die Schneckenhäuser Wülste, die zu einer Seite spitz zulaufen, anfertigen. Diese vom dickeren zum spitzen Ende zu Schneckenhäuschen aufrollen. Ebenfalls mit Löchern versehen.

5 Für die Seesterne sich verjüngende Wülste mit dem dickeren Ende zusammenschlickern. Die schmale Oberkante ausarbeiten, indem mit den zusammengedrückten Daumen und Zeigefinger darüber gestrichen wird. Mit der Töpfernadel Muster einritzen.

6 Nach dem Trocknen und dem Schrühen (siehe Seite 12) die kleinen Anhänger mit Bast an die große Muschel fädeln.

PHANTASIE-BLUMEN

Tipps & Tricks

- Die Blumen und Deko-Objekte können auf Bambus- oder Holzstäben aus dem Bau- oder Gartencenter im Garten oder Pflanztopf arrangiert werden. Besonders schön sind Gruppen aus mehreren Objekten, sie bringen einen Farbtupfer in jeden Garten oder auf jeden Balkon.

Hinweis

- Die Blumen sind nicht frostfest, sie müssen im Winter ins Haus geräumt werden.

SCHWIERIGKEITSGRAD
ʘʘ

MOTIVHÖHE
ca. 18 cm bis 22 cm

MATERIAL JE INKALILIE
- Ton in Weiß, 500 g
- Flüssigglasur in Gelb und Orange
- Eisendraht, 7 x 10 cm lang

JE FEUERLILIE
- Ton in Weiß, 1,2 kg
- Flüssigglasur in Orange und Gelb
- Eisendraht, 7 x 12 cm lang

JE STICKEROBJEKT
- Ton in Weiß, 400 g
- Flüssigglasur in Orange

Inkalilie

1 Den Blütenhals aus ca. 1 cm dicken Tonwülsten aufbauen. Der Durchmesser beträgt 6 cm, die Höhe 12 cm (siehe ab Seite 26, ohne Bodenplatte). Darauf den Blütenkelch mit Tonwülsten setzen. Dafür den Durchmesser stetig bis ca. 12 cm vergrößern (siehe Seite 29). Die Blüte ist 22 cm hoch.

2 Mit einem Messer die Blütenblätter bogenförmig einschneiden, so dass fünf Blütenblätter entstehen. Mit Daumen und Zeigefinger den Blättern die richtige Form geben. Die Blütenblattseiten von außen und innen mit einem Messer leicht einritzen.

3 Für die sechs Blütenstaubgefäße je 10 cm lange Drahtstücke zuschneiden und in den Blütenboden drücken. Die 3 cm langen Staubgefäße aus Ton formen und aufstecken. Den Blütenstempel genauso arbeiten, er ist etwas dicker als die Staubgefäße.

4 Die Blüte trocknen lassen und schrühen (siehe Seite 12). Anschließend gelbe Flüssigglasur mit einem breiten Flachpinsel auftragen; die Blütenstaubgefäße orange und gelb, den Blütenstempel gelb bemalen (siehe ab Seite 13). Zuletzt glattbrennen (siehe Seite 15).

Feuerlilie

1 Der Grundaufbau der Feuerlilie gleicht dem der gelben Inkalilie, allerdings ist der Blütenhals ca. 6,5 cm groß und nur 6 cm hoch. Darauf die Blüte bis zu einem Durchmesser von 12 cm und einer Gesamthöhe der Blume von 18 cm aufbauen.

2 Die Blüte einschneiden, so dass sechs Blütenblätter entstehen und diese in Daumendrucktechnik ausformen (siehe ab Seite 18). Die Blütenblätter innen und außen mit einem Messer leicht einritzen.

3 Die Staubgefäße und den Blütenstempel wie links beschrieben anfertigen und anbringen und die Blume nach dem Trocknen schrühen, glasieren und glattbrennen.

Stickerobjekte

1 Für das rundliche Stickerobjekt zwei Daumenhalbschalen formen (siehe Seite 13). Dafür eine ca. 6 cm große Kugel rollen, mit dem Messer in zwei Hälften teilen und ausformen. Beide Halbschalen mit Schlicker zu einer Hohlkugel zusammensetzen und versäubern (siehe Seite 47). Für die Spitze einen Tonwulst auf die Kugelmitte setzen, mit Schlicker gut verbinden und in einer leichten Drehung nach oben ziehen.

2 Für das längliche Objekt auf einer runden, 6,5 cm großen Platte in Wulsttechnik einen ca. 13 cm hohen Kegel setzen (siehe ab Seite 27). Als Spitze eine Tonwulst auf die Mitte setzen, mit Schlicker gut verbinden und in einer leichten Drehung nach oben ziehen.

3 Auf der Unterseite ein Loch von ca. 2,5 cm Durchmesser für den Haltestab einschneiden.

4 Die Objekte gut trocknen lassen, schrühen (siehe Seite 12) und mit einem breiten Flachpinsel die Glasur auftragen. Dann glattbrennen (siehe Seite 15).

GARTENSTANGEN

Tipps & Tricks

- Dekorative Eisenstangen erhalten Sie in Gärtnereien, Gartencentern oder Dekorationsgeschäften.

SCHWIERIGKEITSGRAD
ʘʘ

MOTIVHÖHE
ca. 15 cm (Kugeln)

MATERIAL JE GARTENSTANGE

- Steinzeug-Ton in Weiß, 2 kg je Form
- Steinzeug-Glasur in Grün, Gelb, Blau, Rot und Orange
- Styroporkugel, teilbar, ø 15 cm
- Styroporherz, teilbar, 15 cm hoch
- Nylonstrümpfe
- Eisenstange, ø 1 cm bis 1,5 cm, 2 cm hoch
- Schelle zum Fixieren

1 Die Kugeln und Herzen in Überformtechnik mit 1 cm starken Tonplatten anfertigen (siehe Seite 45) und anschließend zu Hohlkörpern zusammensetzen (siehe Seite 47).

2 Für die Röhre mit ausgefransten Enden aus einer Tonplatte ein Rechteck (20 cm x 30 cm) ausschneiden und zu einem Zylinder zusammenschlickern (siehe Seite 11). An den Enden kleine Dreiecke einschneiden, den Ton entfernen und die entstandenen Zipfel nach außen biegen.

3 Für die Scheibenform zwei 15 cm große Scheiben sowie ein 45 cm x 8 cm großes Rechteck ausschneiden. Das Rechteck als Zylinder auf einer Scheibe anbringen (siehe Seite 41), die andere Scheibe als Deckel aufsetzen. Vorher den Ton antrocknen lassen, sonst fällt der Hohlkörper zusammen.

4 Das hornartige Teil wird aus einer dicken Wulst angefertigt (siehe Seite 27), die an beiden Enden spitz zuläuft. Die Enden laut Abbildung nach oben biegen.

5 Für die kleineren Kugeln in Daumendrucktechnik Halbschalen anfertigen (siehe ab Seite 18) und diese zu Kugeln verbinden (siehe Seite 47).

6 Für die Röhren Tonplatten zylinderförmig verbinden (siehe Seite 40).

7 Alle Teile oben und unten einschneiden, so dass in der Mitte die Eisenstange durchgesteckt werden kann. Die Löcher müssen etwas größer als der Stangendurchmesser sein, weil der Ton beim Schrühen schrumpft. Nach dem Schrühen mit einem breiten Flachpinsel glasieren und glattbrennen (siehe ab Seite 13).

8 Die Einzelteile auf eine Eisenstange fädeln und unten eine Schelle anbringen, so dass sie fest halten.

HUHN

1 Den Ton zu einer ca. 1 cm dicken Platte ausrollen und die Einzelteile aus der gut angetrockneten Tonplatte ausschneiden (siehe ab Seite 34).

2 Die beiden Körperteile mit einem Tonstreifen und Schlicker verbinden. Den Schwanz und den Kamm formen und mit Schlicker an den Körper anfügen.

3 Für die Augen zwei kleine Tonkugeln mit Schlicker am Kopf befestigen.

4 Auf der Unterseite des Bauches für die Beine zwei 1 cm große Öffnungen einschneiden und das Huhn gut trocknen lassen (siehe Seite 12).

5 Das Tier schrühen (siehe Seite 12) und mit einem breiten Flachpinsel glasieren (siehe ab Seite 13).

6 Für die Füße Eisenstäbe zurechtsägen. In die Mitte der Winkel je ein Loch bohren. Mit zwei Muttern je zwei Winkel als Fuß befestigen und die Winkel so biegen, dass das Huhn gut steht.

7 Für die Halterung am Körper den Gewindestab mit je einer Unterlegscheibe und einer Mutter innen und außen am Körper vorsichtig andrehen (siehe auch Skizze Seite 129).

SCHWIERIGKEITSGRAD
ʘʘ

MOTIVGRÖSSE
ca. 14 cm hoch (ohne Beine)

MATERIAL
- Steinzeug-Ton in Weiß, 1,5 kg
- Steinzeug-Glasur in Rot, Gelb, Weiß und Blau
- Lochschneider, ø 1 cm
- Eisengewindestange, ø 5 mm, 2 x 25 cm lang
- 4 Winkel, 5 cm lang
- 8 Muttern
- 4 Unterlegscheiben
- Bohrmaschine und Bohrer, ø 5 mm

VORLAGE
Seite 129

Tipps & Tricks

- In den offenen Körper können zur Dekoration oder als Geschenk Heu und Schokoeier eingefüllt werden.

ZWEI DRACHEN

Hinweis

- Manchmal ist der Ton trotz guter Verarbeitung nicht ganz dicht. Dann gibt man Kerzenwachs in die Öffnung und stellt das Ganze in den Backofen, bis das Wachs zerläuft. Gut im Inneren des Drachens verteilen, dann wieder ausleeren, bevor das Wachs aushärtet. Die Wachsschicht verhindert, dass das Petroleum ausläuft.

SCHWIERIGKEITSGRAD
ʘʘʘ

MOTIVGRÖSSE
großer Drache ca. 50 cm
kleiner Drache ca. 15 cm

MATERIAL GROSSER DRACHE
- Steinzeug-Ton in Rot, 25 kg
- Styroporei, teilbar, ø 30 cm

ÖLLAMPE
- Steinzeug-Ton in Weiß, 1,5 kg
- Steinzeug-Glasur in Grün effect, Bronze metallic und Schwarz
- Plastik-Ei, teilbar, ca. 12 cm hoch
- Nylonstrumpf
- 2 Dochte

VORLAGE
Seite 129

Großer Drache

1 Der große Drache wird wie in der Schrittanleitung ab Seite 52 beschrieben angefertigt (die Größe der Gliedmaßen der Körpergröße anpassen). Nach dem Aufbau des Tiers die Flügel und die Rückenzacken anbringen und ein angeritztes Tonstück als Haare aufsetzen.

2 Mit einem Modellierholz das Muster eindrücken und die Vertiefungen in den Bauch ziehen.

Öllampe

1 Der Drachenkörper, der Hals und die Gliedmaßen werden wie in der Schrittanleitung ab Seite 52 (Schritt 1 bis 8) aufgebaut. Der Drache ist ca. 15 cm groß.

2 Danach fertigt man den Kopf: Dafür eine ca. 5 cm große Kugel in Daumendrucktechnik formen (siehe ab Seite 18), allerdings, anders als in der Schrittanleitung, werden die Schnauzenteile separat angesetzt. Oberkiefer und Unterkiefer entstehen aus Halbzylindern, die an einer Seite – der Schnauzenvorderseite – geschlossen sind. Der Oberkiefer ist etwas größer als der Unterkiefer.

3 Beide an den Kopf setzen und nacharbeiten, so dass der Nasenrücken schmaler wird und dadurch das Maul größer wirkt. Vorne die Nasenlöcher einschneiden, hier werden die Dochte eingesteckt.

4 Dann Hals und Kopf zusammensetzen und das Gesicht ausarbeiten: Auf den Nasenrücken zwei dünne Wülste auflegen und verstreichen, so wirkt er faltig. Die Augen mit Augenlidern und Wimpern aufsetzen und spitz zulaufende Ohren formen und anbringen. Ein angeritztes Tonstück bildet die Haare.

5 Nun Hals und Körper verbinden. Das Loch, das in den Körper geschnitten wird, ist ca. 3 cm groß. Achten Sie darauf, dass die Dochte problemlos von den Nasenlöchern bis in den Körper geführt werden können.

6 Die Vordergliedmaßen und den Schwanz anbringen. Ein Arm wird so angefügt, dass er auf dem Bauch liegt, der andere so gebogen, dass die Hand an der Wange liegt. Den zackenförmige Rückenstreifen (1 cm x 30 cm) und die Flügel aus einer 5 mm stark ausgewalzten Tonplatte ausschneiden. Der Streifen wird vom Kopf bis zum Schwanzende angelegt, die zackig zugeschnittenen Flügel sollten etwa in Schulterhöhe sitzen.

7 Zwischen den Flügeln aus dem Zackenstreifen eine Zacke herausschneiden und dort ein ca. 1 cm großes Loch einstechen. Hier wird später das Petroleum eingefüllt. Als Verschluss formt man einen Stöpsel, welcher oben wieder eine Zackenform hat.

8 Das Muster eindrücken und das Tier trocknen, schrühen, glasieren und glattbrennen (siehe ab Seite 12).

GEBRAUCHS-KERAMIK

ASIA-GESCHIRR

Windlicht

1 Das Windlicht wird in Plattentechnik angefertigt (siehe ab Seite 34). Die Tonplatte 5 mm stark auswalzen, kurz antrocknen lassen und die Einzelteile ausschneiden: Für den Boden eine 12 cm große Scheibe, für die Wand ein 14 cm x 21 cm großes Rechteck. Für die Verzierung ein trapezförmiges Stück (Kantenlänge oben 16 cm, unten 14 cm, 3 cm hoch) sowie einen 14 cm langen und 2,5 cm breiten Streifen. Die Ränder sauber verstreichen.

2 Das Werkstück laut Abbildung aufbauen: Das große rechteckige Tonstück entsprechend der Bodenplatte biegen und anschlickern (siehe Seite 41).

3 Zwei kleine Würfel formen und an der Oberseite des entstandenen Halbzylinders anbringen. Darauf den rechteckigen Querstreifen setzen. Mittig eine ca. 2 cm große Kugel fixieren.

4 Das trapezförmige Stück an der offenen Seite des Windlichtes fixieren und alle Übergänge gut verstreichen.

5 Die chinesischen Schriftzeichen mit Blaupapier auf die Seitenwand des lederhart getrockneten Werkstückes übertragen und mit einem sehr spitzen Messer ausschneiden (siehe Seite 38).

6 Nach dem Schrühbrand (siehe Seite 12) die Glasur mit schmalen und breiten Pinseln auftragen und das Werkstück glattbrennen (siehe ab Seite 13).

Sushiteller

1 Den Teller in Plattentechnik anfertigen (siehe ab Seite 34). Dafür eine 5 mm starke und 16 cm x 20 cm große Tonplatte ausschneiden und die Ecken abrunden. Die Ränder glatt streichen.

2 Für die geschwungene Tellerform die Platte leicht antrocknen lassen und an zwei diagonalen Ecken etwas hochbiegen.

3 Das chinesische Schriftzeichen mit Blaupapier auf die lederhart getrocknete Tonplatte übertragen und die Konturen mit einem spitzen Gegenstand nachzeichnen. Trocknen lassen.

4 Nach dem Schrühbrand den Teller rot glasieren, den Rand dabei unbemalt lassen. Mit einem dünnen Pinsel die Schriftzeichnen nachmalen und glattbrennen (siehe ab Seite 13).

SCHWIERIGKEITSGRAD

MOTIVGRÖSSE
Teller 20 cm
Windlicht 14 cm

MATERIAL WINDLICHT
- Steinzeug-Ton in Weiß, 1,5 kg
- Steinzeug-Glasur in Rot, Schwarz und Weiß

SUSHITELLER
- Steinzeug-Ton in Weiß, 500 g
- Steinzeug-Glasur in Rot und Schwarz

VORLAGE
Seite 128

Tipps & Tricks

- Passend zum großen Sushiteller können Sie auch eine Miniatur anfertigen, auf der Ess-Stäbchen abgelegt oder Kleinigkeiten serviert werden können.

BROTTOPF & UHR

Tipps & Tricks

- Um das Anmalen der Zahlen auf der Uhr zu erleichtern, stellt man sich eine Kartonschablone mit einem Durchmesser von 13 cm her. Auf diesen Kreis zeichnet man zwölf gleich große Teile ein, der Winkel der Abschnitte beträgt jeweils 30°. Dann die fertige Schablone als Hilfe auf die Uhr legen.

SCHWIERIGKEITSGRAD
○○○

MOTIVHÖHE
Brottopf ca. 20 cm
Uhr ø ca. 27 cm

MATERIAL UHR
- Steinzeug-Ton mit Spots in Beige, 800g
- Steinzeug-Glasur in Hellgrün, Blau und Gelb
- Dekorfarbe in Schwarz
- Lochschneider, ø 5 mm
- Bohrer, ø 1,2 cm
- Quarzuhrwerk, 17,1 mm Wellenlänge
- Aluminium-Zeiger in Schwarz lackiert, matt

BROTBOX
- Steinzeug-Ton in Weiß, 3,5 kg
- Steinzeug-Glasur in Grün, Blau, Rot, Dunkelgrün, Gelb und Schwarz

Uhr

1 Aus einer 9 mm dicken Tonplatte einen Kreis (ø 22 cm) und ein Band (34,5 cm x 2,5 cm) ausschneiden. Im lederharten Zustand das Band zu einem Kreis schließen und in der Mitte des Uhrblattes als Gehäuse für das Uhrwerk anschlickern. Zum Weiterarbeiten die Uhr umdrehen.

2 Den Hühnerkopf modellieren; Kamm und Kehllappen extra formen. Am Kopf anbringen und vorne und hinten gut verstreichen. Ein Stück Ton in der Hand flach drücken und den Schwanz ausschneiden. Die Kanten mit dem Finger abrunden. Anschlickern. Mit dem Modellierholz in Schwanz, Schnabel und Kamm Linien einkerben; das Auge stechen.

3 Einen Tonwulst (ø 8 mm) rollen. Diese an den äußeren Rand der Uhr anschlickern; die Stellen an Schwanz und Kopf bleiben frei. Verstreichen und ein Muster eindrücken (Finger in den Tonwulst drücken und nach innen ziehen).

4 In die Mitte der Uhr ein 12 mm großes Loch bohren. Auf der Rückseite, oben am Band, mit dem Lochschneider im Abstand von 2 cm zwei Löcher für eine Schnur-Aufhängung stechen. Nach dem Schrühbrand grün glasieren, Kamm, Schwanz, Schnabel und Kehllappen gelb anmalen. Die Vertiefungen mit schwarzer Dekorfarbe nachziehen (siehe ab Seite 12). Beim Aufzeichnen der Zahlen darauf achten, dass man die zwölf in der Höhe der Aufhängung schreibt. Glattbrennen. Das Uhrwerk anschrauben, die Zeiger aufstecken und einen Schnuraufhänger anbringen.

Brottopf

1 Der Brottopf wird in Plattentechnik gearbeitet (siehe ab Seite 34). Für den Boden eine 5 mm starke, 20 cm x 15 cm große Platte ausschneiden und die langen Enden mithilfe eines Tellers abrunden. Eine weitere Platte von gleicher Stärke auswalzen und Rechtecke von ca. 15 cm Höhe und 20 cm Länge ausschneiden. Aus diesen wird die Seitenwand zusammengesetzt.

2 Die Rechtecke auf die Bodenplatte setzen und aneinanderfügen (siehe Seite 36). Dann den Topf mit zerknülltem Zeitungspapier füllen, so dass oben eine Wölbung entsteht. Darüber die Form mit 5 cm breiten und 20 cm langen Tonstücken schließen. Die leicht angetrockneten Tonstücke immer von außen nach innen aufsetzen und gut miteinander verbinden (siehe Seite 11). Ist die Form geschlossen, alles langsam lederhart trocknen lassen, sonst entstehen Risse.

3 Nun den oberen Bereich in einer Höhe von ca. 15 cm als Deckel abschneiden (siehe Seite 37). Den Deckel vorsichtig abheben und innen nacharbeiten und glatt verstreichen.

4 Als Anschlag für den Deckel oben an die Innenwand zwei 10 cm lange und 1,5 cm hohe Streifen gegenüberliegend ansetzen. Als Griff eine Kugel formen und auf den Deckel setzen. Dann den Deckel wieder aufsetzen und in eine Plastiktüte verpackt beiseite stellen.

5 Die Griffe und die Verzierungen laut Abbildung formen und an der Box anbringen. Zwei bis drei Wochen mit dem Zeitungspapier im Inneren trocknen lassen, dann schrühen und glasieren (siehe ab Seite 12).

MEDITERRANE SCHALEN

Tipps & Tricks

- Die Olivengefäße kann man je nach Verwendungszweck in unterschiedlichen Größen und mit verschieden vielen Zwischenwänden arbeiten.

- Ohne Olivendekoration lassen sich die Gefäße gut für verschiedene Knabbereien verwenden.

SCHWIERIGKEITSGRAD
ʘʘ

MOTIVGRÖSSE
ovale Schale ca. 26 cm
dreieckige Schale ca. 24 cm

MATERIAL
OVALE SCHALE
- Steinzeug-Ton in Weiß, 1,3 kg
- Steinzeug-Glasur in Gelb, Violett, Grün und Braun
- Dekorfarbe in Schwarz

DREIECKIGE SCHALE
- Steinzeug-Ton in Weiß, 1,4 kg
- Steinzeug-Glasur in Gelb, Violett und Grün
- Dekorfarbe in Schwarz

Ovale Schale

1 In Daumendrücktechnik aus 1,230 kg Ton eine ovale, ca. 5,5 cm bis 6,5 cm hohe Schüssel mit welligem Rand arbeiten (siehe ab Seite 18). Diese wird nicht wie bei kleineren Objekten in der Hand gearbeitet, sondern auf einem Holzbrett, um die große Bodenfläche gut zurechtdrücken zu können. Dabei die Wandung etwas schräg nach außen laufen lassen. Die Länge des Gefäßes beträgt 30 cm und die Breite 21,5 cm.

2 Als Oliven drei Eier formen und flach drücken. Außerdem sieben längliche Blätter gestalten. Als Äste zwei dünne Wülste von 13 cm und 3 cm Länge rollen. Diese gegenüberliegend in der Schüssel anbringen. Die vorgeformten Oliven und Blätter dekorativ an den Ästen verteilen. Schön sieht es aus, wenn ein Teil der Ranke über den Rand ragt. Die Blätter mit einem spitzen Modellierholz einritzen.

3 Die geschrühte Olivenschüssel gelb glasieren (siehe ab Seite 13). Mit dem Pinsel die Ästchen braun, die Blätter grün und die Oliven violett anmalen. Die Blattadern mit schwarzer Dekorfarbe nachfahren. Glattbrennen.

Dreieckige Schale

1 Aus einer ca. 7 mm dicken Tonplatte ein gleichschenkliges Dreieck ausschneiden. Eine Seite beträgt 20 cm die anderen beiden 25 cm (siehe ab Seite 34). Eine 50 cm lange Tonwurst mit einem Durchmesser von 2,5 cm rollen. Diese mit dem Wellholz zu einem 5 cm breiten Band walzen und auf den Rand der dreieckigen Bodenplatte schlickern. Das überschüssige Band abschneiden und die Wand schließen (siehe Seite 31).

2 Zwei Zwischenwände in das Gefäß einziehen. Dafür verwendet man ein wie zuvor hergestelltes 29 cm langes Band.

3 Drei kleine Oliven rollen und neun Blättchen formen. Diese schön verteilt auf den Rand schlickern. Die Blätter mit einem spitzen Modellierholz einritzen.

4 Nach dem Schrühbrand das Gefäß mit gelber Glasur versehen. Mit dem Pinsel die Oliven violett und die Blätter grün anmalen. Die Blattadern mit der schwarzen Dekorfarbe nachziehen (siehe ab Seite 13). Glattbrennen.

FRÜHSTÜCKS-DUO

Apfel

1 In Wulsttechnik eine Apfelform arbeiten (siehe ab Seite 26) und lederhart trocknen lassen (siehe Seite 12). Eine kurze Tonwurst als Stiel anbringen und zurechtbiegen.

2 Aus einem flach gedrücktem Stück Ton ein herzförmiges Blatt ausschneiden und die Ränder glatt streichen. Die Adern mit einem spitzen Modellierholz einritzen. Das Blatt in Form drücken und neben dem Stiel befestigen.

3 Damit aus dem Apfel eine Dose entsteht, diesen mit dem Messer wellenförmig aufschneiden (vgl. Seite 37). Eine Welle sollte kleiner und tiefer sein, damit man später beim Schließen der Dose das Unterteil besser trifft. Die Kanten der Aufschnittstellen mit dem Messer brechen und mit dem Finger glatt streichen. Zum Trocknen den Deckel wieder auf das Unterteil setzen und darauf achten, dass die Dose gut schließt, da sich beim Verstreichen der Kanten der Deckel verformt haben könnte.

4 Die geschrühte Apfeldose grün glasieren (siehe ab Seite 13). Mit einem feuchten Schwamm das Blatt abwischen, so dass die Glasur nur noch in den Blattadern stehen bleibt. Die Schnittflächen von dem Deckel und dem Unterteil sorgfältig von der Glasur befreien. Der Apfel darf nicht zu dick glasiert werden, damit die Glasur beim Brennen nicht läuft und dadurch den Deckel verschließt.

Honigtopf

1 Für den Boden des Honigtopfes aus einer ca. 7 mm dicken Tonplatte einen Kreis von 9 cm Durchmesser ausschneiden (siehe ab Seite 34). Darauf in Wulsttechnik einen 14 cm hohen Bienenstock arbeiten. Hierbei kann recht unregelmäßig gearbeitet werden. Die Dose außen nur so verstreichen, dass die Wülste noch gut sichtbar bleiben (siehe ab Seite 26).

2 Für die Biene einen 6,5 cm langen Tonwulst, der an einem Ende spitz zuläuft, rollen. An diesem Ende den Kopf durch Eindrücken mit einem spitzen Modellierholz vom Körper abheben. Vier Flügel formen und überlappend beidseitig am Körper anbringen. Die fertige Biene nun als Knauf auf den lederhart getrockneten Bienenstock schlickern.

3 In einer Höhe von 11,5 cm mit dem Lochschneider ein schräg nach unten laufendes Loch stechen. Von der Mitte des Loches ausgehend mit dem Messer den Bienenstock aufschneiden, dabei zwei unterschiedliche Erhebungen einschneiden. Die Kanten der Aufschnittstellen mit dem Messer brechen und mit dem Finger glatt streichen. Zum Trocknen den Deckel wieder auf das Unterteil setzen.

4 Nach dem Schrühbrand den Bienenstock braun glasieren. Mit dem Pinsel die gesamte Biene gelb anmalen. Das vordere Körperteil mit der braunen Glasur betupfen. Mit der schwarzen Dekorfarbe auf das Körperende Kringel malen. Auf die Flügel Strukturen zeichnen und zwei Augen tupfen. Glattbrennen (siehe ab Seite 13).

SCHWIERIGKEITSGRAD
ⵔⵔ

MOTIVHÖHE
Apfel ca. 13 cm
Honigtopf ca. 15 cm

MATERIAL APFEL
- Steinzeug-Ton in Weiß, 620 g
- Steinzeug-Glasur in Grün

HONIGTOPF
- Steinzeug-Ton in Weiß, 740 g
- Lochschneider, ø 1,3 cm
- Steinzeug-Glasur in Braun und Gelb
- Dekorfarbe in Schwarz

Tipps & Tricks

- Möchte man in der Apfeldose eine Aussparung für einen Löffel haben, verfährt man ebenso wie bei dem Honigtopf.

Hinweis

- Die Dosen sollten nicht aus Ton mit Spots gearbeitet werden, da bei dieser Sorte der Deckel beim Glattbrand festkleben kann.

SAHNEKÄNNCHEN & CO.

Tipps & Tricks

- Das Teebeuteltellerchen macht sich auch gut als Betthupferltellerchen auf dem Nachttisch.

SCHWIERIGKEITSGRAD
ꝏ

MOTIVHÖHE
Milchkrug ca. 14 cm
Zuckerdose ca. 13 cm
Teebeuteltellerchen ø ca. 9 cm

MATERIAL MILCHKRUG
- Steinzeug-Ton mit Spots in Beige, 460 g
- Steinzeug-Glasur in Blau, Gelb, Hell- und Dunkelgrün
- Dekorfarbe in Schwarz

ZUCKERDOSE
- Steinzeug-Ton mit Spots in Beige, 470 g
- Steinzeug-Glasur in Gelb, Blau und Hellgrün

TEEBEUTELTELLERCHEN
- Steinzeug-Ton mit Spots in Beige, 140 g
- Steinzeug-Glasur in Blau und Gelb

Sahnekännchen

1 Aus einer ca. 7 mm dicken Tonplatte einen Kreis mit einem Durchmesser von 8 cm ausschneiden (siehe ab Seite 34). In Wulsttechnik weiterarbeiten bis man ein bauchiges Gefäß von 12 cm Höhe erreicht. Der obere Durchmesser beträgt 7 cm (siehe ab Seite 26).

2 Einen Ausguss herausformen, indem man mit dem feuchten Zeigefinger von innen durch mehrmaliges Hochfahren den Ton nach außen zieht. Das Ende in einem kleinen Bogen nach unten drücken. Dieser verhindert, dass der Krug später tropft.

3 Einen Tonwulst rollen und an einem Ende den Ton dicker stehen lassen. Hieraus eine Blüte gestalten, indem man fünf Blütenblätter herausformt und eine Mitte stehen lässt. Der Blüte mithilfe eines abgeflachten Modellierholzes eine schöne Form geben. Mit einem spitzen Modellierholz in die Blütenmitte mehrere Löcher stechen. Die Blume als Henkel an dem Krug befestigen. Ein kleines Blatt formen, mit dem spitzen Modellierholz die Adern einritzen und am Stiel anbringen.

4 Nach dem Schrühbrand den Krug mit blauer Glasur versehen (siehe ab Seite 13). Mit dem Pinsel die Blume farbig anmalen. Glattbrennen.

Zuckerdose

1 Aus einer ca. 7 mm dicken Tonplatte für den Boden einen Kreis mit einem Durchmesser von 8 cm ausschneiden (siehe ab Seite 34). In Wulsttechnik weiterarbeiten, bis man ein bauchiges Gefäß von 10,5 cm Höhe erreicht. Der obere Innendurchmesser sollte 6,4 cm betragen (siehe Seite 29).

2 Für den Deckel aus einer lederharten Tonplatte einen Kreis von 7,5 cm Durchmesser ausschneiden. Darauf etwas vom Rand nach innen versetzt einen Tonwulst anbringen (siehe Seite 37). Diesen gut verstreichen und nach oben hin schmaler drücken. Der Abstand vom Rand sollte jetzt 9 mm betragen.

3 Für das Innere der Blüte aus einem Stück Ton ein Ei rollen. Acht verschieden große Rauten formen und um das Ei herum anbringen. Die Blätter zu einer schönen Blüte zurechtbiegen und in das Innere mit dem Modellierholz viele kleine Löcher stechen. Die fertige Blüte als Knauf am Deckel gut anschlickern.

4 Die geschrühte Dose gelb glasieren (siehe ab Seite 13). Die Blütenblätter mit dem Pinsel blau und das Innere hellgrün anmalen. Glattbrennen.

Teebeuteltellerchen

1 In Daumendrucktechnik ein kleines Schälchen formen, dabei den Rand etwas nach außen laufen lassen (siehe Seite 19).

2 Mit dem Messer am Rand acht nebeneinander liegende Dreiecke ausschneiden und mit den Fingern verstreichen. Mit einem Modellierholz das Blüteninnere hindrücken und durch beidseitiges Einkerben Blütenblätter entstehen lassen.

3 Das geschrühte Teebeuteltellerchen in die blaue Glasur tauchen und das Blüteninnere mit dem Pinsel gelb anmalen. Glattbrennen (siehe ab Seite 13).

SALATGESCHIRR

Tipps & Tricks

- Möchte man mehrere Salatschälchen arbeiten, sieht es schön aus, wenn man ihnen unterschiedliche Blattformen gibt.

Hinweis

- Für Blattsalate sollten Salatschüssel und Schälchen größer gestaltet werden.

SCHWIERIGKEITSGRAD
ꝏꝏꝏ

MOTIVGRÖSSE
Salatschüssel ca. ø 27 cm
Salatschälchen ca. ø 5 cm

MATERIAL SALATSCHÜSSEL
- Steinzeug-Ton mit Spots in Beige, 1,5 kg
- Steinzeug-Glasur in Curry und Braun
- Dekorfarbe in Schwarz

JE SALATSCHÄLCHEN
- Steinzeug-Ton mit Spots in Beige, 320 g
- Steinzeug-Glasur in Curry

VORLAGE
Seite 129

Salatschüssel

1 Eine Schablone für die Blätter anfertigen und aus einer 7 mm dicken Tonplatte drei große und zwei kleine Blätter ausschneiden (siehe ab Seite 40). Die Ränder mit den Fingern abrunden.

2 Ein altes Handtuch zu einem Ring legen, in dem man die Schüssel arbeitet, damit sie einen Halt hat. Die Blätter fächerförmig zu einer Schüssel aneinander schlickern und die Blattspitzen nach außen biegen. Mit einem spitzen Modellierholz die Adern eindrücken. Die Salatschüssel etwas trocknen lassen und dann auf der Rückseite glatt verstreichen.

3 Für den Körper der Schnecke einen Tonwulst rollen (siehe Seite 27). An einem Ende einen Kopf mit zwei Fühlern formen. Als Augen mit einem spitzen Modellierholz zwei Löcher stechen. Nochmals einen dünnen Tonwulst rollen, diesen als Schneckenhaus aufdrehen und auf dem Körper befestigen. Die fertige Schnecke an der Kante eines Salatblattes anbringen.

4 Die geschrühte Schüssel curryfarben glasieren (siehe ab Seite 13). Das Schneckenhaus mit dem Pinsel braun anmalen. Etwas schwarze Dekorfarbe in die Augen tupfen. Glattbrennen.

Salatschälchen

1 In Daumendrucktechnik ein Schälchen von 5,5 cm Höhe herstellen, dabei macht es nichts aus, wenn der Rand etwas wellig ist (siehe Seite 19). An einer Seite eine Spitze herausarbeiten, damit das Salatschälchen eine Blattform erhält.

2 An der gegenüberliegenden Seite einen kleinen Stiel anformen und mit einem spitzen Modellierholz die Blattadern zeichnen.

3 Nach dem Schrühbrand das Schälchen curryfarben glasieren und glattbrennen (siehe ab Seite 13).

VESPERGESCHIRR

Tipps & Tricks

- Der Saftkrug kann auch mit einem gewöhnlichen Henkel versehen werden. Lustig ist ein darauf befestigtes kleines Schneckchen, das in den Krug schaut.

Hinweis

- Je weniger bauchig die Becher sind, desto platzsparender lassen sie sich stapeln.

SCHWIERIGKEITSGRAD
ʘʘʘ

MOTIVGRÖSSE
Teller ca. ø 19,5 cm
Saftkrug ca. 20 cm
Becher ca. 8 cm

MATERIAL PRO TELLER
- Steinzeug-Ton mit Spots in Beige, 730 g
- Steinzeug-Glasur in Beige, Braun und Schwarz
- Dekorfarbe in Schwarz

SAFTKRUG
- Steinzeug-Ton mit Spots in Beige, 1,210 kg
- Steinzeug-Glasur in Beige und Grün
- Dekorfarbe in Schwarz

PRO BECHER
- Steinzeug-Ton mit Spots in Beige, 210 g
- Steinzeug-Glasur in Grün

Teller

1 Aus einer ca. 7 mm dicken Tonplatte einen Kreis von 21,5 cm Durchmesser ausschneiden. Einen Tonwulst auf den Rand schlickern und beim Verstreichen etwas nach außen drücken (siehe ab Seite 27).

2 Für den Käseteller einen dreieckigen Käse formen, auf dem Teller anbringen und seitlich mit Löchern versehen. Einen Mauskörper formen, Ohren anbringen und auf dem Teller befestigen. Als Schwanz einen dünnen Tonwurst rollen und anschlickern.

3 Für den Wurstteller einen Wulst von 7 cm Länge rollen. An einer Seite schräg anschneiden und das andere Ende zu einem Wurstzipfel formen. Das fertige Teil schwach krümmen und auf dem Teller anbringen.

4 Den geschrühten Teller mit beigefarbener Glasur überziehen (siehe ab Seite 13). Beim Käseteller den Mäuseschwanz, die Ohren und die Schnauze mit dem Pinsel braun anmalen. Den Käse gelb und die Rinde schwarz glasieren. Mit der Dekorfarbe Augen und Härchen aufmalen und den Teller beschriften. Glattbrennen.

5 Den Wurstteller ebenso beigefarben glasieren. Die Haut der Wurst mit dem Pinsel braun anmalen. Auf die Schräge mit der Dekorfarbe Flecken aufmalen und den Teller beschriften. Glattbrennen.

Saftkrug

1 Für die Schnecke 210 g Ton beiseite legen. Aus dem Rest den Krug arbeiten. Ein Stück Ton auswellen und für den Boden einen Kreis mit einem Durchmesser von 11 cm ausschneiden. In Wulsttechnik weiterarbeiten, bis man ein bauchiges Gefäß von 17,5 cm Höhe erreicht. Den oberen Rand etwas nach außen drücken (siehe ab Seite 27).

2 Für die Schnaupe den Zeigefinger und Daumen der linken Hand an den Rand des Gefäßes legen, während man mit dem Zeigefinger der rechten Hand den Ton zwischen Finger und Daumen auszieht.

3 Für den Körper der Schnecke einen Tonwulst rollen, der an einem Ende dünn ausläuft. Aus dem anderen Ende einen Kopf und zwei Fühler formen. Als Augen mit einem Bleistift zwei Löcher stechen. Den Körper als Henkel gut an den lederhart getrockneten Krug anschlickern. Aus einem dünn gerollten Tonwulst ein Schneckenhaus aufrollen und an den Körper schlickern.

4 Nach dem Schrühbrand den Krug mit der beigefarbenen Glasur versehen (siehe ab Seite 13). Die Fühler und das Schneckenhaus mit dem Pinsel grün anmalen. Etwas schwarze Dekorfarbe in die Augen tupfen. Glattbrennen.

Becher

1 In Daumendrucktechnik einen 9 cm hohen Becher herstellen (siehe Seite 19). Der untere Durchmesser beträgt 5 cm und der obere 7,7 cm. Falls der obere Rand zu wellig geworden ist, schneidet man ihn mit dem Messer gerade.

2 Den geschrühten Becher grün glasieren (siehe ab Seite 13). Glattbrennen.

Käse
Wurst

DURCHS JAHR

VOGELHAUS

1 Aus einer 7 mm dicken Tonplatte einen Kreis von 11 cm Durchmesser und ein Rechteck von 17 cm x 35 cm ausschneiden. Das Rechteck zu einer Röhre biegen, um den Kreis schlickern und auch den offenen Spalt schließen (siehe ab Seite 40).

2 An die obere Kante mit dem Lochschneider (ø 5 mm) zwei gegenüberliegende Löcher stechen. Auf gleicher Linie knapp über dem Boden zwei Löcher mit dem 7 mm starken Lochschneider stechen. Über diesen Löchern auf beiden Seiten des Häuschens mit einem Messer einen Halbkreis im Durchmesser von 5 cm schneiden und etwas nach innen drücken.

3 Für das Dach in Daumendrucktechnik eine Schale im Durchmesser von 17 cm formen (siehe Seite 19). Den Boden nicht abflachen.

4 Einen Vogel modellieren. Augen, Kopfschmuck und Flügel extra formen und anschlickern. Mit den Modellierhölzern den Vogel verzieren und auf das Dach setzen, das mit zwei 5 mm großen Löchern versehen wird. Alles schrühen (siehe Seite 12).

5 Auf das hellgrün glasierte Vogelhausunterteil (siehe ab Seite 13) mit einem Pinsel die blaue Glasur aufschleudern.

6 Nach dem Glasurbrand (siehe Seite 15) die zwei Hölzer mit dem Messer anspitzen und in die Löcher unterhalb der Futteröffnung stecken. Die an einem Ende verknotete Schnur von innen durch ein Loch des Vogelhausunterteiles, dann durch die Löcher des Daches und wieder durch das Unterteil ziehen. Zuletzt die Schnur verknoten. So lässt sich das Dach zum Befüllen des Hauses mit Vogelfutter leicht anheben.

SCHWIERIGKEITSGRAD

ⴰⴰⴰ

MOTIVHÖHE

ca. 22 cm

MATERIAL

- Steinzeug-Ton mit Spots in Beige, 1,5 kg
- Steinzeug-Glasur in Hellgrün, Blau und Gelb
- Dekorfarbe in Schwarz
- 2 Lochschneider, ø 5 mm und 7 mm
- Schnur, 1 m lang
- 2 Rundhölzer, ø 6 mm, 4 cm lang

Tipps & Tricks

- Anstelle des Rundholzes sieht auch ein Holzästchen aus der Natur sehr schön aus.

Hinweis

- Wenn das Vogelhaus nicht regengeschützt hängt, sollte man ein kleines Loch in den Boden stechen. Falls Wasser hineingelangt, kann es abtropfen und das Futter schimmelt nicht.

FRÜHLINGSBOTEN

Tipps & Tricks

- Aus dem Vogel lässt sich als Osterdekoration leicht ein Huhn gestalten. Anstelle des Kopfschmuckes setzt man einen Kamm auf und an den Schnabel wird zusätzlich ein Kehllappen geformt.

SCHWIERIGKEITSGRAD
○○

MOTIVHÖHE
Osterhase ca. 26 cm
Vogel ca. 17 cm
(ohne Füße)

MATERIAL OSTERHASE
- Steinzeug-Ton mit Spots in Beige, 1 kg
- Bohrer, ø 2,5 mm und 1 cm
- Steinzeug-Glasur in Gelb und Blau
- Dekorfarbe in Schwarz
- Holzast, mind. 1 cm dick, 28 cm lang
- Draht, 15 cm lang
- Dekoband in Gelb, 1,5 cm breit, 26 cm lang

VOGEL
- Steinzeug-Ton in weiß, 720 g
- Lochschneider, ø 5 mm
- Steinzeug-Glasur in Blau und Gelb
- Dekorfarbe in Schwarz
- Schnur, 20 cm lang

VORLAGE
Seite 130

Osterhase

1 Den Hasenkörper in Wulsttechnik (ohne Boden) aufbauen, dabei mit einem Durchmesser von 9 cm beginnen. Bis zu einer Höhe von 19 cm die Wülste mit leichter Neigung nach innen aufeinander setzen. Für den Kopf wieder etwas nach außen arbeiten und dann die Form in einer Höhe von 28 cm schließen (siehe ab Seite 26 und Seite 51).

2 Für die Ohren zwei Tonwürste rollen und mit den Fingern eine nach einer Seite geschlossene Rinne eindrücken. Die Hasenohren zurechtformen und am Kopf anbringen. Zwei Tonkügelchen als Augen und ein kleines Dreieck als Näschen im Gesicht befestigen. Mit einem spitzen Modellierholz Pupillen stechen; Härchen und Mund einritzen.

3 Für die Arme mit dem Bohrer (ø1 cm) schräg nach unten laufende Löcher in den Körper drehen. Das Ei mithilfe einer Schablone mit einem Messer aus einer Tonplatte ausschneiden. Für die Aufhängung ein kleines Loch bohren.

4 Den geschrühten Osterhasen mit der gelben Glasur übergießen (siehe Seite 14). Mit dem Pinsel das Osterei, die Ränder der Ohren und die Augen blau anmalen. Die blaue Glasur aus einem satt getränkten Pinsel mehrmals auf den Körper schleudern.

5 Den glatt gebrannten Osterhasen (siehe Seite 15) mit Armen versehen, indem man den Holzast halbiert und in die Löcher steckt; ggf. vorher mit dem Messer anspitzen. Das Ei mit Draht an einem Arm befestigen und mit Dekoband eine Schleife an das Ei binden.

Vogel

1 Den Vogel in Wulsttechnik ohne Boden aufbauen, dabei mit einem Durchmesser von 8,5 cm beginnen. Die Wülste so aufeinander setzen, dass ein bauchiger Körper entsteht. In einer Höhe von 10 cm für den Kopf wieder etwas nach außen arbeiten und dann die Form in einer Höhe von 16 cm schließen (siehe ab Seite 26).

2 Erst im lederharten Zustand weiterarbeiten. Je ein walnussgroßes Stück Ton zu einem Flügel drücken und an den Körper schlickern. In gleicher Weise mit etwas weniger Ton den Kopfschmuck arbeiten. Einen Schnabel und zwei Augen formen. Diese am Kopf anbringen und mit einem spitzen Modellierholz markieren.

3 Für die Füße zwei flache, abgerundete Dreiecke formen. Mit dem Modellierholz je zwei Kerben eindrücken. Unter Verwendung des Lochschneiders zwei Löcher in den Körper und je ein Loch in die Füße stechen.

4 Nach dem Schrühbrand die blaue Glasur auf den Vogel auftragen (siehe ab Seite 12). Die Augen mit dem Pinsel gelb anmalen. Mit einem feuchten Schwamm über die Flügel und den Kopfschmuck wischen und den Schnabel ganz von der Glasur befreien. Die schwarze Dekofarbe auf die Augen, den Schnabel und die Füße auftragen.

5 Nach dem Glattbrand (siehe Seite 15) mit der Schnur die Füße an den Körper binden.

FRÖHLICHE FISCHE

Tipps & Tricks

- Ganz nach Belieben kann der Fisch auch ganz mit bunten Glasurfarben bemalt werden, wie beim kleinen Fisch im Vordergrund zu sehen ist.

- Den Sternenstempel können Sie sich selbst anfertigen. Wie, erfahren Sie auf Seite 23.

- Anstatt Löcher in den Fischrücken zu stechen, kann man mit dem Messer ein beliebiges Muster einschneiden. Das ist arbeitsintensiver aber auch dekorativer.

- Der Wasserverdunsterfisch kann auch als Blumenvase verwendet werden.

SCHWIERIGKEITSGRAD
ooo

MOTIVHÖHE
bunte Fische ca. 25 cm bis 30 cm
blauer Fisch ca. 11 cm

MATERIAL
BUNTER FISCH
- Steinzeug-Ton in Rot, 2 kg
- Steinzeug-Glasur in Weiß, Rot, Grün, Gelb und Blau effect
- Styroporei, teilbar, ca. 20 cm hoch
- Stempel: Stern
- Nylonstrümpfe

BLAUER FISCH
- Steinzeug-Ton in Weiß, 1,5 kg
- Lochschneider, ø 7 mm, 1,3 cm und 1,5 cm
- Steinzeug-Glasur in Blau und Gelb
- Dekorfarbe in Schwarz

VORLAGE
Seite 129

Bunter Fisch

1 Für den Fischkörper zwei halbe Eiformen mithilfe des Styropor-Eis in Überformtechnik aus 5 mm starken Tonplatten anfertigen (siehe ab Seite 44). Wenn der Ton lederhart getrocknet ist, die Styroporformen entfernen und die Hälften zu einem Hohlkörper zusammensetzen (siehe Seite 47).

2 Aus 5 mm stark ausgewalzten, leicht angetrockneten Tonplatten mithilfe von Schablonen die Flossen, Rückenflossen und den Schwanz ausschneiden. Alle Linien in die Flossen ritzen, sie hohl zusammensetzen (zum Trocknen ggf. mit Zeitungspapier ausstopfen) und mit den Fingern nachformen. Bei der Schwanzflosse das obere und untere Ende wulstig ausarbeiten.

3 Die Flossen an den Fischkörper anbringen und die Übergänge gut verstreichen. Anschließend Muster einstempeln und dekorative Einschnitte machen (siehe Seite 38). Auch in die Flossen Löcher schneiden, damit die eingeschlossene Luft entweichen kann.

4 Den Mund mit dem Messer aufschneiden und mit nassen Fingern die Lippen formen. Als Wangen zwei kleine Halbkugeln aufsetzen und die Übergänge gut verstreichen. Nach dem Trocknen schrühen, dann einige Bereiche durch eine Bemalung mit dem Pinsel hervorheben und glattbrennen (siehe ab Seite 12).

Blauer Fisch

1 Etwas Ton für die Flossen und die Augen beiseite legen. Aus dem Rest in Daumendrucktechnik einen ovalen Hohlkörper herstellen (siehe Seite 18). Dazu ab der Hälfte statt den Ton nach außen zu drücken, langsam nach innen drücken, bis der Körper geschlossen ist. Für die Schwanzflosse ein Dreieck formen und am Körper anbringen. Zwei kleine Flossen herstellen und seitlich anschlickern.

2 Zwei Kugeln als Augen aufsetzen und mit dem Finger etwas flach drücken. An diesen Stellen als Pupillen mit einem spitzen Modellierholz Löcher stechen und das Maul einritzen. Mit dem spitzen Modellierholz in die Flossen Verzierungen kerben. In den Fischrücken mit den Lochschneidern Löcher stechen.

3 Den geschrühten Fisch blau glasieren (siehe ab Seite 13). Die Augen mit der gelben Glasur anmalen und den Mund mit der Dekorfarbe nachfahren. Über die Flossen mit einem feuchten Schwamm wischen, so dass die Glasur nur in den Vertiefungen stehen bleibt. Glattbrennen.

ZWEI FRÖSCHE

1 Für die Frösche 200 g Ton beiseite legen. Aus dem Rest Ton in Wulsttechnik eine unten offene Kugel formen. Hierfür verwendet man am besten mit dem Wellholz flachgerollte Tonwülste (siehe Seite 31). Die Kugel muss nicht exakt gearbeitet werden, denn im lederharten Zustand klopft man sie mit der Hand unförmig, um ein steinähnliches Aussehen zu erhalten.

2 Den beiseite gelegten Ton für die zwei Frösche verwenden. Für den sitzenden Frosch aus 80 g Ton eine Kugel rollen. Den Kopf herausformen und das Maul flach drücken. Für den zweiten Frosch aus 80 g Ton einen länglichen, ovalen Körper rollen. Mit den Fingern ein Drittel des Tones abdrücken und daraus ebenso den Kopf formen. 6 cm lange Tonwülste als Hinterbeine und 4 cm lange Wülste als Vorderbeine an den Körpern anschlickern und zurechtformen. Beide Frösche auf dem Stein platzieren. Die Enden der Beine als Füße flach drücken.

3 Für die Krone einen kleinen Tonwulst rollen. An einem Ende fünf Zacken herausformen. Als Augen vier Tonkugeln rollen, diese und die Krone am Kopf anbringen.

4 Mit einem spitzen Modellierholz die Pupillen stechen, das Maul einritzen und in die Füße je drei Linien kerben.

5 Um die Frösche herum verschieden große, unförmige Löcher herausschneiden. Mit dem Messer die Kanten brechen und mit dem Finger glatt streichen.

5 Nach dem Schrühbrand curryfarbene Glasur auftragen (siehe ab Seite 13). Mit dem Pinsel die Krone gelb und die Augen grün anmalen. Die Vertiefungen mit der schwarzen Dekorfarbe nachfahren. Glattbrennen.

SCHWIERIGKEITSGRAD
ooo

MOTIVHÖHE
ca. 21 cm

MATERIAL
- Steinzeug-Ton in Weiß, 3 kg
- Steinzeug-Glasur in Curry, Gelb und Grün
- Dekorfarbe in Schwarz

Tipps & Tricks

- Der Stein kann von unten beleuchtet werden. Das durch die Löcher scheinende Licht schafft eine stimmungsvolle Atmosphäre.
- Wenn man den Stein mit Boden arbeitet, kann man ihn in der Wohnung als Wasserverdunster verwenden. Sehr dekorativ macht er sich auf einem Kachelofen.

KÜRBIS-WINDLICHT

Tipps & Tricks

◆ Sie können auch ein Wasserglas in den Kürbis stellen und ihn mit frischen Blumen und Früchten dekorieren. Das sieht im Herbst hübsch vor der Haustüre aus.

SCHWIERIGKEITSGRAD
ⓞⓞ

MOTIVGRÖSSE
ca. 33 cm

MATERIAL
- Steinzeug-Ton in Rot, 3 kg
- Styroporkugel, teilbar, ø 30 cm
- Nylonstrümpfe

1 Die Hälfte des Tons zu einer 1 cm starken, ca. 40 cm x 40 cm großen Platte auswalzen und in Überformtechnik (siehe ab Seite 44) auf eine Styroporhalbkugel auflegen. Vorsichtig andrücken und den überstehenden Rand bündig abschneiden. Ebenso mit der zweiten Halbkugel verfahren.

2 Wenn der Ton lederhart getrocknet ist (siehe Seite 12), die Styroporformen entfernen und die Halbkugeln zusammenfügen (siehe Seite 47), so dass eine Kugel entsteht.

3 Mit der Töpfernadel Linien von oben nach unten auf der fertigen Tonkugel ziehen und den Deckel aufschneiden. Dann in die Kugel hineingreifen und die Felder zwischen den eingezogenen Linien nach außen drücken. So lange so fortfahren, bis die typische Kürbis-Form entsteht. Ebenso den Deckel arbeiten.

4 Für den Deckelstiel einen ca. 5 cm dicken und 6 cm langen Wulst rollen und etwas krumm biegen. Auf dem Deckel anschlickern.

5 Für die Wangen zwei kleine Kugeln formen und diese etwas flach drücken. Mit der flachen Seite anschlickern und die Übergänge gut verstreichen.

6 Für die Nase einen ca. 5 cm hohen Kegel formen und anschlickern. Die Spitze etwas nach oben biegen.

7 Dann die Augen und den Mund ausschneiden, die Konturen vorher evtl. mit einem spitzen Gegenstand aufzeichnen. Außerdem noch kleine Dreiecke in den Kürbiskörper schneiden, dann leuchtet er schöner. Zwei bis drei Wochen trocknen lassen, dann schrühen (siehe Seite 12).

NIKOLAUSSTIEFEL

Tipps & Tricks

◆ Die Stiefel können von ganz klein bis riesengroß angefertigt werden. Die pastellfarbenen Beispiele auf dem kleinen Foto sind nur 6 cm und 8 cm groß und eine nette Verpackung für ein kleines Mitbringsel.

SCHWIERIGKEITSGRAD
ʘʘ

MOTIVHÖHE
ca. 16 cm

MATERIAL
- Steinzeug-Ton in Weiß, 1 kg
- Steinzeug-Glasur in Rot, Weiß, Grau und Braun

VORLAGE
Seite 130

1 Eine ca. 5 mm starke Tonplatte auswalzen und zweimal die Schuhsohle sowie jeweils einmal die Schuhkuppe und ein 16 cm hohes und 29 cm breites Rechteck ausschneiden.

2 Das kreisförmige Teil für die Schuhkuppe zu einem Halbmond legen, so dass es bündig auf den vorderen Bereich der Sohle passt. Anschlickern.

3 Aus dem Rechteck einen Zylinder für den Stiefelschaft formen und die Längsseiten zusammenfügen (siehe ab Seite 40). Am unteren Zylinderrand einen Halbkreis ausschneiden und die entstandene Öffnung mit dem Schuhkuppenteil und dem hinteren Bereich der Sohle verbinden.

4 Mit den Fingern den oberen Stiefelrand etwas nach außen ziehen. Aus der restlichen Tonplatte einen 2 cm breiten Streifen schneiden und als Fellbesatz um den oberen Stiefelrand legen.

5 Wenn der Stiefel lederhart getrocknet ist (siehe Seite 12), diesen umdrehen und das zweite Schuhsohlenteil so zurechtschneiden, dass ein vorderes Sohlenteil und ein Absatz entstehen. Beide ansetzen. Das vordere Schuhteil nicht ganz festdrücken, so entsteht der Eindruck, der Schuh sei kaputt.

6 Vorn in die Schuhkuppe ein kleines Dreieck schneiden und aufklappen. Ein modelliertes Mäuschen hineinstecken. Dann den Stiefelrand mit der Töpfernadel einritzen, so dass ein Fellmuster entsteht.

WEIHNACHTSGESCHIRR

Kanne

1 Zwei eiförmige Schalen in Überformtechnik (siehe Seite 45) anfertigen. Dafür eine 40 cm x 40 cm große und 5 mm starke Tonplatte auswalzen. Diese über eine Hälfte des Styropor-Eis legen und vorsichtig mit den Händen festdrücken. Den überstehenden Ton bündig abschneiden. Ebenso mit der zweiten Hälfte verfahren. Wenn der Ton lederhart getrocknet ist, die Eihälften von den Formen nehmen und zu einem Hohlkörper zusammenschlickern (siehe Seite 47).

2 Für den Kannenboden eine 5 mm starke Tonplatte auswalzen und eine 14 cm große Scheibe ausschneiden. Als Henkel einen 1 cm starken Wulst rollen. Das Ton-Ei auf den Kannenboden setzen und die Übergänge mit Tonmasse auffüllen. Den Übergang zwischen Ei und Boden gut verstreichen. Dann die Eierspitze abschneiden. Den Henkel zu einem S formen und an die Kanne anschlickern.

4 Den Kannenausguss aus einer 5 mm starken Tonplatte ausschneiden. Zu einem Trichter verbinden. Gegenüber vom Henkel ein Loch etwas kleiner als die große Trichteröffnung in die Kanne schneiden. Den Trichter anschlickern und die Übergänge gut verstreichen.

5 Den Deckel in Daumendrucktechnik arbeiten (siehe ab Seite 18), dabei auf die spitze Mützenform hinarbeiten. Um diese unten einen kleinen Tonwulst als Mützenrand legen und eine kleine Kugel als Bommel aufsetzen. Die Verzierungen mit der Töpfernadel einritzen.

6 Nach dem Trocknen und Schrühen (siehe Seite 12) innen und außen mit Pinseln glasieren und glattbrennen (siehe ab Seite 13).

Stövchen

1 Das Stövchen wird aus 5 mm starken Tonplatten gearbeitet. Für den Boden eine 15 cm große Scheibe ausschneiden, für das Schalstück eine 9 cm hohe Platte.

2 Die Seitenwand auf den Boden setzen (siehe Seite 40). Anschließend eine 12 cm große Scheibe als Deckel aufsetzen. In die Deckelmitte ein 6 cm großes Loch schneiden.
Für das angedeutete Schalende ein separates Tonstück anschlickern und den Übergang gut verschmieren.

3 Aus der Seitenwand Sterne ausschneiden und Punkte und Zick-Zack-Streifen in den Schal ritzen. Am Schalende viele Striche zum Andeuten der Fransen einritzen. Nach dem Trocknen und Brennen mit Pinseln bemalen und glattbrennen (siehe ab Seite 12).

Tasse

1 Die Tasse in Daumendrucktechnik anfertigen (siehe ab Seite 18). Die Tasse hat einen Durchmesser von 8 cm und ist 6 cm hoch. Für den Henkel einen Wulst rollen und anbringen. Die Kontaktstellen gut aufrauen und auf die Wulstenden Tonschlicker auftragen.

2 Für die Wangen von innen zwei Ausbuchtungen herausdrücken. Kügelchen für Augen und Nase aufsetzen. Den Mund vorsichtig und nicht zu tief mit dem Messer einritzen. Mit einem nassen Finger die Mundlinie glatt streichen, damit weiche Übergänge entstehen.

SCHWIERIGKEITSGRAD
ϬϬϬ

MOTIVHÖHE
Kanne ca. 22 cm
Stövchen ca. 9 cm
Tasse ca. 8 cm

MATERIAL
- Steinzeug-Ton in Weiß, 800 g (Kanne), 650 g (Tasse), 500 g (Stövchen)
- Steinzeug-Glasur in Rot, Weiß, Grün und Schwarz
- Styroporei, teilbar, ca. 18 cm hoch
- Nylonstrumpf

VORLAGE
Seite 130

Hinweis

- Vergessen Sie nicht, die Kontaktstellen beim Ansetzen von Tonteilen beidseitig gut aufzurauen und auf eine Verbindungsstelle Tonschlicker zu geben (siehe Seite 11)!
- In Tassen- und Kannendeckel können kleine Haken angebracht werden, so dass die Deckel nicht abrutschen (siehe kleines Foto unten). Alternativ wie bei der Zuckerdose auf Seite 99 beschrieben einen Tonwulst ansetzen (vgl. auch Seite 37).

LEBKUCHENHÄUSCHEN

Tipps & Tricks

◆ Mit einem Teelicht im Inneren verbreitet das Lebkuchen-Häuschen herrliche Weihnachtsatmosphäre. Wenn Sie etwas Duftöl in den Kamin füllen, können Sie das Häuschen außerdem als Duftlampe verwenden.

SCHWIERIGKEITSGRAD

ꝏ

MOTIVHÖHE

ca. 15 cm

MATERIAL

- Steinzeug-Ton in Rot, 2 kg
- Steinzeug-Glasur in Weiß, Rosa, Blau, Transparent und Schwarz

1 Das Häuschen wird aus festen Tonplatten zusammengesetzt (siehe ab Seite 35). Die Tonplatte 5 mm stark auswalzen und vorbereitete Schablonen zum Ausschneiden der Häuschenteile auflegen. Die langen Seitenwände sind 5 cm hoch und 14 cm lang, die Giebelwände 10 cm breit und an den niedrigen Seiten 5 cm, in der Mitte 15 cm hoch. Das Dach ist 16 cm breit und 10 cm hoch. Für den Kamin werden eine 5 cm x 5 cm große Bodenplatte und vier 4 cm x 4 cm große Seitenwände benötigt.

2 Das Häuschen zusammensetzen, es hat keinen Boden. Anschließend mit aus kleinen Wülsten geformten Brezeln und aus Platten zugeschnittenen Herzchen und Lebkuchen verzieren.

3 Danach einige Öffnungen für die Fenster und die Tür einschneiden. Die Tür leicht versetzt an der Öffnung befestigen.

4 Am Dachfirst eine Öffnung für den Kamin einschneiden. Dann den Kamin zusammensetzen und in das Dach einpassen. Mit der Töpfernadel in Kamin und Häuschen ein Fachwerkmuster einritzen.

5 Für die Eiszäpchen 50 bis 60 kleine Kugeln formen, an einer Seite lang ziehen und am Dach anbringen.

6 Für den Zuckerguss viele kleine Wülste um ein Holzstäbchen herumwickeln und so zu Spiralen formen. Dies erfordert etwas Übung. Dann die Spiralen an den Dach- und Hauskanten anbringen.

7 Alles trocknen lassen, schrühen (siehe Seite 12) und nach dem partiellen Glasieren mit einem Pinsel glattbrennen (siehe ab Seite 13). Der Kamin wird innen transparent glasiert, so kann später Duftöl eingefüllt werden.

FÜR KINDER

GEBURTSTAGSTELLER

1 Zuerst den Teller mit dem Nylonstrumpf überziehen, damit der Ton nicht festklebt. Eine ca. 5 mm starke Tonplatte auswalzen und über den Teller legen. Den Rand bündig abschneiden und den Ton lederhart trocknen lassen. Dann von der Form nehmen und durchtrocknen lassen.

2 Der Teddybär ist 6 cm hoch. Aus einer Tonkugel den länglichen Rumpf formen. Zwei Wulste bilden die Beine. Diese an den Rumpf ansetzen. Ebenso die Arme arbeiten. Alle Übergänge gut verstreichen.

3 Für den Kopf eine kleine Kugel rollen und Schnauze und Ohren aufsetzen. Die Augen mit einem dünnen Stäbchen eindrücken. Für den Schal einen 10 cm langen Streifen zuschneiden und diesen um den Hals schlingen. An den Enden mit einer Töpfernadel Fransen einritzen.

4 Aus Resten der Tonplatte kleine Blümchen ausschneiden und mit nassen Fingern glatt formen. In der Mitte kleine Kügelchen als Blütenmitte aufsetzen. Zum Einstecken der Kerze ein Loch einstechen. Hübsch sieht es auch aus, wenn ein Stiel (ein kurzer Wulst) darunter gesetzt wird.

5 Für das Päckchen einen 2 cm x 2 cm großen Würfel formen. Aus einem dünnen Streifen die Schleifenteile zuschneiden und drapieren.

6 Nach dem Trocknen und Schrühen (siehe Seite 12) alle Teile mit einem Pinsel glasieren (siehe ab Seite 13). Beim Teller erst das Innere, dann den Rand bemalen. Die Einzelteile mit starkem doppelseitigem Klebeband auf den Tellerrand setzen und Mini-Geburtstagskerzen einstecken.

SCHWIERIGKEITSGRAD
ʘʘʘ

MOTIVGRÖSSE
ca. 25 cm (Teller)

MATERIAL
- Steinzeug-Ton in Weiß, 2 kg
- Steinzeug-Glasur in Blau, Grün, Gelb, Rot, Orange und Braun
- großer Haushaltsteller
- Nylonstrumpf

Tipps & Tricks

- Neben Paketen und Blümchen können Sie auch bunte Bälle, kleine Autos oder eine Lokomotive als Kerzenhalter anfertigen. Passen Sie die Dekoration dem Lieblingsspielzeug Ihres Kindes an! Jedes Jahr kann ein neuer Kerzenhalter auf den breiten Tellerrand gesetzt werden.

- Flache Blümchen eignen sich auch alleine gut als Tischschmuck. Fertigen Sie sie nicht zu klein an, sonst stehen sie schlecht! Für andere Formen können Sie Pflanzenbestimmungsbücher als Inspirationsquelle verwenden. Sollen größere Kerzen oder Teelichter eingesetzt werden, setzen Sie am besten einen aus einem Tonstreifen gearbeiteten Ring als Halterung in die Blütenmitte.

KINDERTELLER

Tipps & Tricks

- Um sich das Abschneiden der Ränder bei den Kindertellern zu erleichtern, kann man die Tierform mit dem Bleistift vorzeichnen.

Hinweis

- Die Bodenstärke des Sparschweins muss auf jeden Fall beachtet werden, damit das Schloss gut sitzt.

SCHWIERIGKEITSGRAD
OO

MOTIVGRÖSSE
Teller ca. ø 20 cm
Sparschwein ca. 13 cm

MATERIAL TELLER
- Steinzeug-Ton mit Spots in Beige, 760 g
- Steinzeug-Glasur in Grün und Gelb (Igel) bzw. Blau, Gelb und Hellgrün (Fisch)
- Dekorfarbe in Schwarz

SPARSCHWEIN
- Steinzeug-Ton in Weiß, 800 g
- Steinzeug-Glasur in Türkis und Gelb
- Dekorfarbe in Schwarz
- Lochschneider, ø 5 mm
- Spardosenschloss für Lochdurchmesser 3,5 cm

Teller

1 In Daumenducktechnik einen Teller von 22 cm Durchmesser herstellen (siehe ab Seite 18).

2 Für den Igelteller am Rand mit einem Messer fünf Dreiecke wegschneiden, so dass schöne Zacken entstehen. Von der vorderen Zacke ausgehend einen Bogen abschneiden, damit eine Schnauze entsteht. Alle Kanten mit dem Finger verstreichen.
Mit einem Modellierholz das Gesicht abtrennen. Auf die Spitze der Schnauze eine Tonkugel setzen. Eine kleinere Tonkugel als Auge festdrücken. Mit dem spitzen Modellierholz eine Pupille einstechen und einen Mund ritzen.

3 Beim Fischteller den Rand mit dem Messer so abschneiden, dass eine Schwanzflosse und zwei Seitenflossen stehen bleiben. Die Flossen durch Eindrücken mit dem Modellierholz vom Körper abheben und Verzierungen einritzen. Eine kleine Tonkugel als Auge flach drücken und anbringen. Mit dem Modellierholz eine Pupille stechen und den Mund markieren.

4 Den geschrühten Igel-Teller grün glasieren (siehe ab Seite 13). Die Schnauzenspitze mit dem Pinsel gelb anmalen. Mit einem feuchten Schwamm an den Kanten der Zacken die Glasur abwischen. Auch das Auge von der Glasur befreien und mit der Dekorfarbe die Pupillen aufmalen sowie den Mund nachziehen.

5 Nach dem Schrühbrand den Fischteller blau glasieren (siehe ab Seite 13). Die Schwanzflosse und das Auge mit dem Pinsel gelb und die Seitenflossen hellgrün anmalen. Die Pupillen und den Mund mit der schwarzen Dekorfarbe versehen.

Sparschwein

1 Für den Boden des Sparschweins aus einer 6 mm dicken Tonplatte einen Kreis von 9,5 cm Durchmesser ausschneiden (siehe ab Seite 34).

2 Darauf in Wulsttechnik eine Kugel von 12,5 cm Höhe arbeiten (siehe ab Seite 26). Den Körper lederhart trocknen lassen (siehe Seite 12).

3 Aus einem Stück Ton eine kegelstumpfförmige Schnauze herstellen und am Kopf anbringen. Die Schnauze nach oben hin etwas spitz drücken. Für die Ohren zwei Dreiecke formen und bogenförmig am Kopf anschlickern. Zwei kleine Tonkugeln rollen und als Augen befestigen. Einen 14 cm langen dünnen Tonwulst rollen, zu einer Schleife legen und als Schwanz anbringen. Mit einem spitzen Modellierholz die Pupillen und zwei Nasenlöcher stechen und den Mund einritzen.

4 Im Abstand von 3 cm zwei Löcher oben in den Körper stechen. Mit dem Messer die Löcher verbinden, so dass ein 5 mm breiter Schlitz entsteht. Den Boden des Schweins etwas nach innen drücken, damit es später trotz Schloss eben steht. Dann mithilfe einer Schablone ein 3,9 cm großes Loch schneiden.

5 Das geschrühte Sparschwein mit der türkisen Glasur übergießen (siehe Seite 14). Mit einem feuchten Schwamm die Glasur von dem Schwanz, den Ohrrändern, den Augen und der Schnauze wegwischen. Die Augen mit dem Pinsel gelb anmalen. Die Pupillen, die Nasenlöcher und den Mund mit der schwarzen Dekorfarbe versehen.

6 In den Boden des fertig gebrannten Schweins das Schloss einsetzen.

FRECHE TIERBANDE

Tipps & Tricks

- Um ein Windspiel zu erhalten wird am Kopf ein Loch gestochen, eine Schnur als Aufhängung eingefädelt und an deren unteres Ende (im Kegel) werden viele bunte Stoffbänder gebunden, die sich dann im Wind bewegen.

SCHWIERIGKEITSGRAD
ʘʘ

MOTIVHÖHE
ca. 18 cm

MATERIAL JE TIER
- Steinzeug-Ton in Weiß, 300 g
- Steinzeug-Glasur in Gelb, Orange, Hellgrün und Türkis (Teddy), Rosa, Schwarz und Orange (Schwein) oder Orange, Gelb und Schwarz (Tiger)
- Styroporkegel, 12 cm hoch
- Nylonstrumpf

Körper anfertigen

1 Die Körper werden in Überformtechnik mit Styroporkegeln angefertigt (siehe ab Seite 44). Eine 5 mm stark ausgewalzte Platte um die Form legen, zurechtschneiden und an der offenen Stelle zusammenfügen. Alles gut andrücken und den überstehenden Rand abschneiden.

2 Wenn der Ton leicht getrocknet ist, wird er vom Styropor gelöst und die Spitze vom Tonkegel abgeschnitten. Hier den jeweiligen Kopf aufsetzen; die Übergänge gut verstreichen. Dann trocknen und schrühen (siehe Seite 12), mit einem Pinsel glasieren und glattbrennen (siehe ab Seite 13).

Teddy

1 Den 6 cm großen Kopf in Daumendruchtechnik (siehe ab Seite 18) formen. Zwei Halbkugeln als Wangen aufsetzen. Für die Schnauze eine etwas größere Halbkugel formen und aufsetzen.

2 Den Mund einschneiden und ein Kügelchen als Nase aufsetzen. Die Vertiefungen für die Augen mit einem Stift eindrücken. Zwei Kügelchen als Augen einsetzen. Aus zwei Tonklumpen die Ohren formen.

3 Kopf und Körper zusammensetzen. Aus einer kleinen Tonplatte ein Dreieck ausschneiden und als Tuch um den Hals legen. Vier ca. 2 cm große Tonkugeln für Hände und Füße anfertigen. Die Hände leicht rund formen und Tatzenmuster einritzen. Seitlich am Kegel anbringen. Die Füße einritzen und unten am Kegelrand ansetzen.

Schweinchen

1 Den 6 cm großen Kopf in Daumendrucktechnik (siehe ab Seite 18) arbeiten. Als Wangen zwei Halbkugeln ansetzen. Die Übergänge gut verstreichen. Als Schnauze eine 1,5 cm dicke und 2 cm große Scheibe aufsetzen und die Nasenlöcher eindrücken. Den Mund einschneiden und nachformen. Die Augen mit einem Stift eindrücken und zwei Kügelchen einsetzen.

2 Kopf und Körper zusammensetzen. Die Ohren aus einer 5 mm starken Tonplatte ausschneiden, zurechtbiegen und am Kopf anbringen.

3 Zwei 2 cm große Halbkugeln formen, in der Mitte einschneiden und an den unteren Kegelrand als Füße ansetzen. Das Ringelschwänzchen aus einem spiralförmig gebogenen Wulst hinten anbringen.

Tiger

1 Für den Kopf eine 5 cm große Kugel in Daumendrucktechnik formen (siehe ab Seite 18). Einen 4 cm dicken und 2 cm langen Tonwulst als oberes Schnauzenteil anbringen. Ebenso die untere Schnauzenhälfte anfertigen.

2 Um den Übergang vom Gesicht zur Schnauze besser sichtbar zu machen, mit einem Holzstab Konturen einritzen. Als Nase eine kleine Kugel aufsetzen. Die halbmondförmige Augenpartie über der Schnauze einritzen und zwei Kügelchen als Augen sowie zwei Streifen als Augenbrauen aufsetzen. Die Ohren aus zwei Tonklümpchen formen.

3 Für den Schwanz einen dünnen Tonwulst aufsetzen. Das Schwanzende mit dem Messer einritzen. Kopf und Körper zusammensetzen.

SCHACHTELDEKO & CO.

Schachteldeko

1 Für die kleine Schachtelverzierung aus einer ca. 8 mm dicken Tonplatte ein Rechteck von 5 cm x 6,5 cm Größe mit dem Messer ausschneiden (siehe ab Seite 34).

2 Den Vogel aus einer kleinen Kugel Ton formen, indem man den Kopf und Schnabel eindrückt und den Schwanz herauszieht. Mit Modellierhölzern Federn andeuten, Augen einstechen und den Schnabel einritzen. Den fertigen Vogel auf die Tonplatte schlickern.

3 Die geschrühte und glasierte Dekorplatte (siehe ab Seite 12) mit einem Stück doppelseitigem Klebeband auf der Streichholzschachtel befestigen.

4 Für eine doppelte Schachtelverzierung benötigt man eine 8,7 cm x 6,5 cm große Tonplatte. Unter die fertig gestaltete und gebrannte Platte (Schnecke und Häuschen aus Wülsten formen (siehe Seite 100) werden zwei Streichholzschachteln befestigt. Eine Schachtel bleibt leer und ist für die abgebrannten Hölzer gedacht. Nach dem Glasieren die Farbe vom Schneckenhaus teilweise wieder abwischen, so dass sie nur in den Vertiefungen stehen bleibt. Ebenso von den Fühlern entfernen.

Zierkorken

1 Für die Maus eine walnussgroße Kugel nach einer Seite hin spitz zurollen. Kräftig auf die Arbeitsfläche setzen, damit eine Standfläche entsteht.

2 Für die Ohren zwei Tonkügelchen flach drücken. Beim Anbringen mit dem Zeigefinger eine Delle ins Ohr ziehen. Mit dem Modellierholz die Augen einstechen und die Härchen einritzen. Für den Schwanz ein Loch einstechen.

3 Nach dem Trocknen und Schrühen mit dem Pinsel die gelbe Glasur auf die Schnauze und die Ohren auftragen (siehe ab Seite 13). Mit schwarzer Dekorfarbe die Augen und die Haare anmalen. Nach dem Glattbrand den Lederriemen in das Loch kleben. Die Maus mit Zweikomponentenkleber auf dem Korken befestigen.

4 Für den Zierkorkenhalter aus einem Tonklotz einen 5 cm großen Würfel herausschneiden. Mit einer Modellierschlinge ein Loch aushöhlen. Es sollte etwas größer sein als der Korken. Mit dem Finger diese Vertiefung glätten.

5 An alle Seiten mit dem Modellierholz verschieden große Löcher stechen. Das geschrühte Teil als Käse gelb glasieren. Glattbrennen (siehe ab Seite 13).

SCHWIERIGKEITSGRAD
ϬϬϬ

MOTIVHÖHE
Schachteldeko ca. 4 cm
Zierkorken ca. 6,5 cm

MATERIAL JE SCHACHTELDEKO
- etwas Steinzeug-Ton mit Spots in Beige
- Steinzeug-Glasur in Hellgrün
- Dekorfarbe in Schwarz
- doppelseitiges Klebeband, ca. 5 cm lang

ZIERKORKEN
- etwas Steinzeug-Ton in Weiß
- Steinzeug-Glasur in Gelb
- Dekorfarbe in Schwarz
- Lederriemen, 5 cm lang
- Zweikomponentenkleber
- Korken, ø 2 cm (oben) und 1,7 cm (unten), 2,6 cm hoch

Hinweise

- Möchte man mehrere Streichholzschachteln herstellen, erleichtert man sich die Arbeit, indem man zum Zuschneiden der Platten Kartonschablonen herstellt. An diesen kann man einfach mit dem Messer entlang fahren.
- Aus optischen Gründen sollte die Standfläche der Maus groß genug sein, um die Basis des Korkens zu bedecken. Bedenken Sie, dass der Ton um ca. 12 Prozent schwindet.

VORLAGEN

Wichtel

Seite 42

Vorlage auf 14 mm Rastermaß
oder auf 285% vergrößern

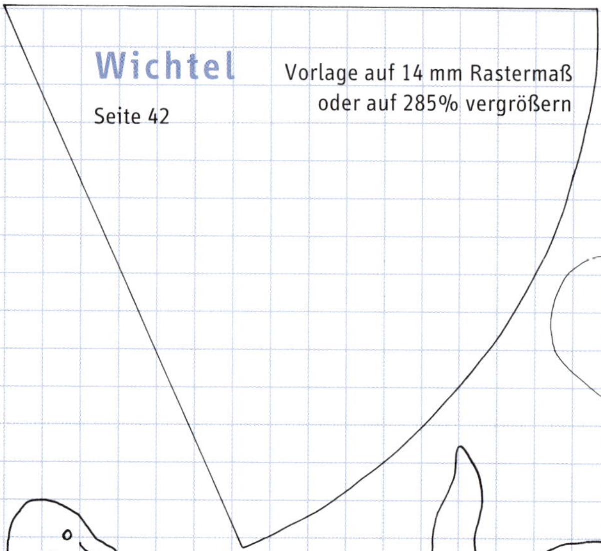

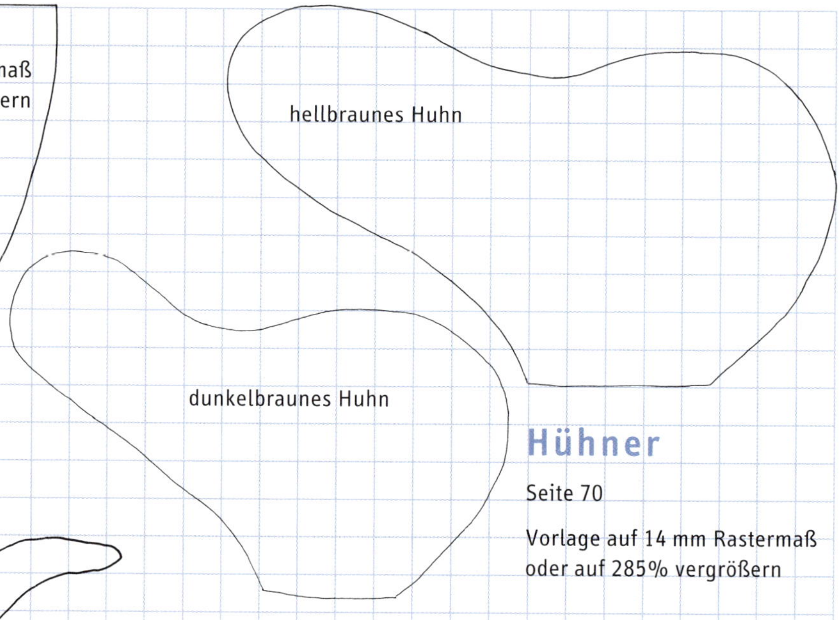

Hühner

Seite 70

Vorlage auf 14 mm Rastermaß
oder auf 285% vergrößern

Windspiel

Seite 80

Vorlage auf 10 mm Rastermaß
oder auf 200% vergrößern

Asia-Geschirr

Seite 90

Vorlage auf 7 mm Rastermaß
oder auf 140% vergrößern

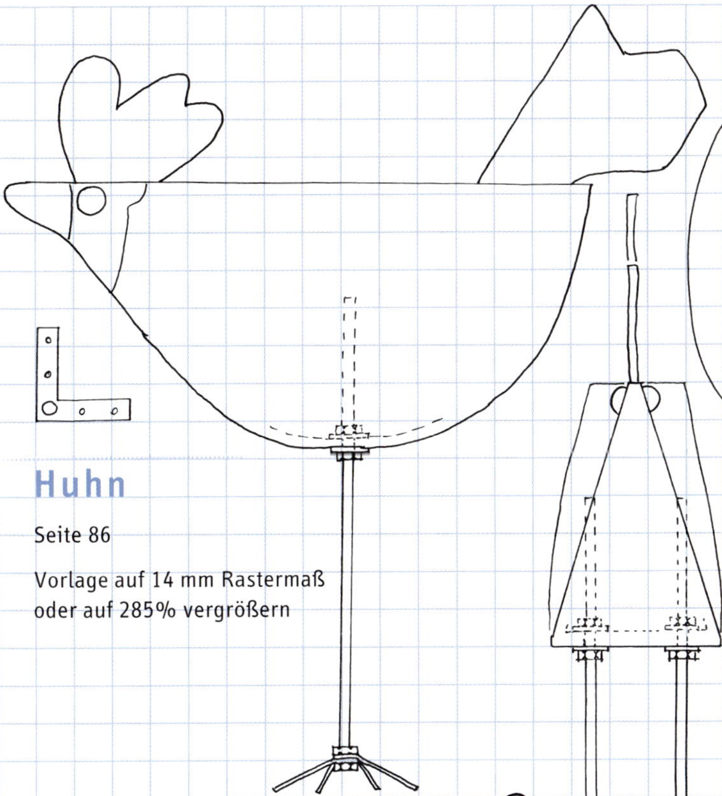

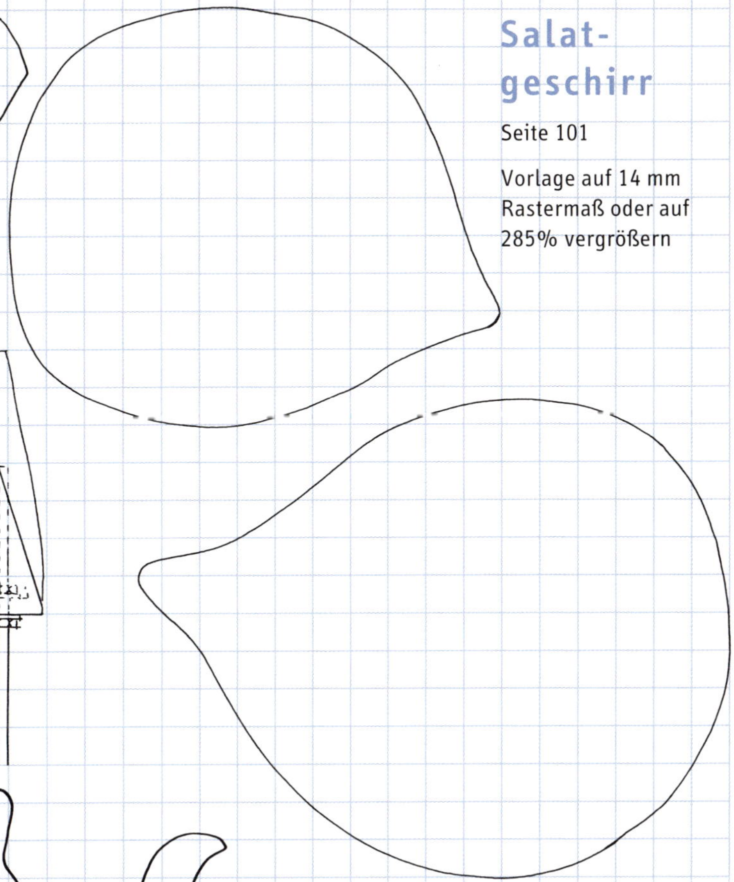

Salatgeschirr

Seite 101

Vorlage auf 14 mm Rastermaß oder auf 285% vergrößern

Huhn

Seite 86

Vorlage auf 14 mm Rastermaß oder auf 285% vergrößern

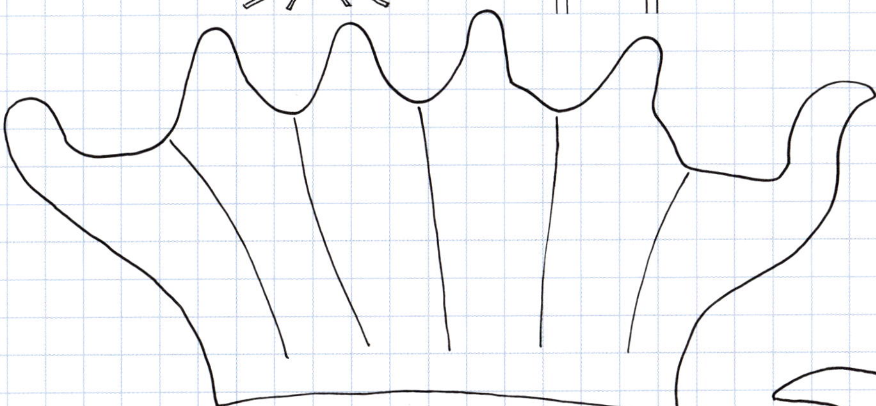

Öllampe

Seite 88

Vorlage auf 7 mm Rastermaß oder auf 140% vergrößern

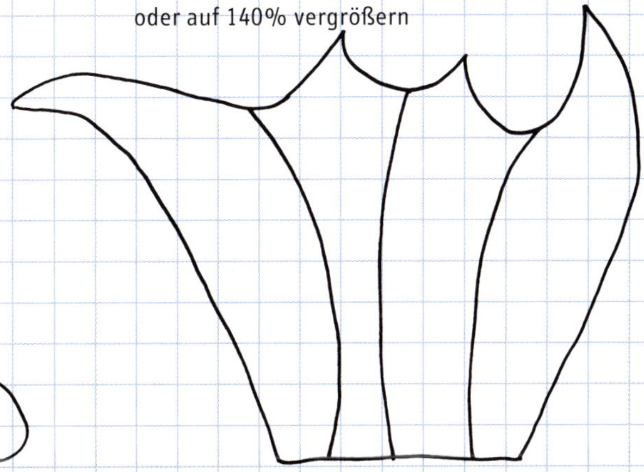

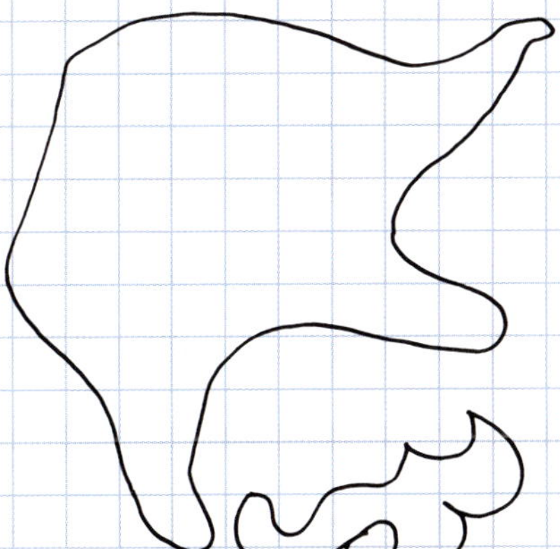

Fröhliche Fische

Seite 109

Vorlage auf 10 mm Rastermaß oder auf 200% vergrößern

Garten-Tierchen

Seite 75

Vorlage auf 7 mm Rastermaß oder auf 140% vergrößern

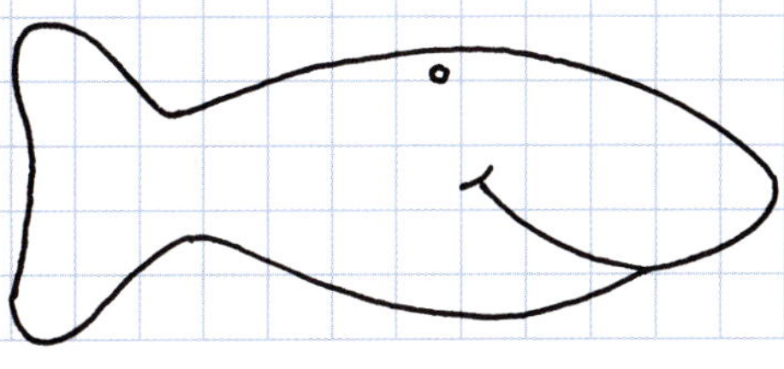

Nikolausstiefel

Seite 114

Vorlage auf 7 mm Rastermaß oder auf 140% vergrößern

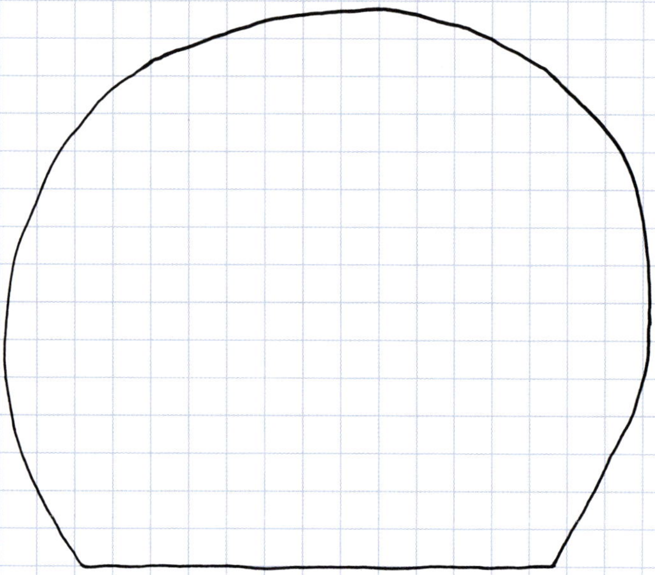

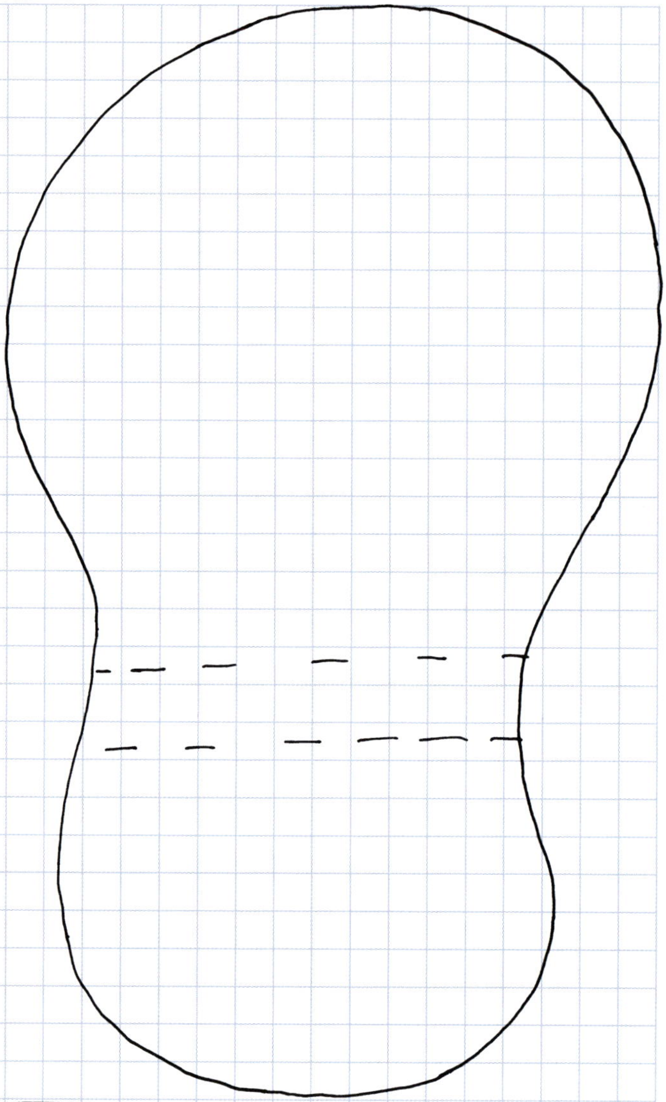

Weihnachtsgeschirr

Seite 117

Vorlage auf 6 mm Rastermaß oder auf 125% vergrößern

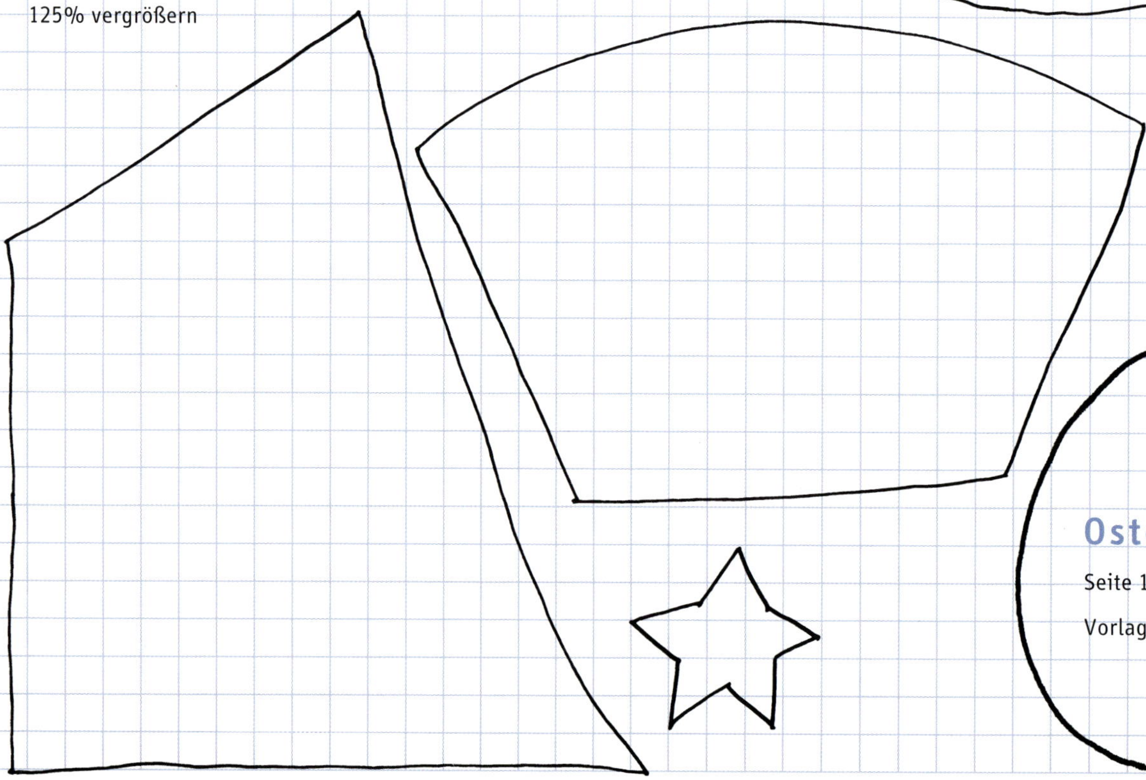

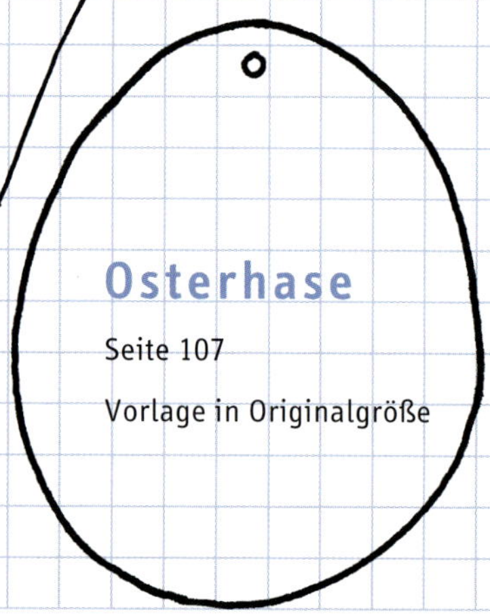

Osterhase

Seite 107

Vorlage in Originalgröße

REGISTER

Hier finden Sie alphabetisch geordnet die wichtigsten Begriffe aus dem „1 x 1 kreativ Aufbaukeramik“. Die dahinter stehenden Seitenzahlen beziehen sich auf den Haupteintrag im Buch.

AUTOREN

Sia Dreher, wohnhaft in Korntal bei Stuttgart. Die ausgebildete Floristin und Goldschmiedin hat ihr Hobby, das Töpfern und Modellieren, Anfang des Jahres 2005 zum Beruf gemacht. Neben Töpferkursen für Kinder und Erwachsene an Kindereinrichtungen und Volkshochschulen veranstaltet sie private Events für Kinder und interessierte Erwachsene. Sia Dreher ist seit 2004 Autorin des frechverlags.

Iris Reichmann und **Isabell Scharfschwerdt** betreiben seit 1994 eine Töpferei im badischen Friesenheim. Mit Begeisterung entwickeln sie immer neue Ideen für Tonarbeiten. Von lebensgroßen Tierplastiken bis zu kreativ gestalteter Gebrauchskeramik gibt es fast nichts, was sie nicht geformt haben. Neben dem Töpfern beschäftigen sich die Schwestern mit Malerei, wo sie bereits an vielen Ausstellungen teilgenommen haben, sowie mit gestalterischen Hobbys wie Glaskunst und Holzarbeiten.

Monika Fischer aus Ludwigsburg ist begeisterte Hobbytöpferin mit einer Vorliebe für leuchtende Farben und edles Dekor. Seit Jahren besucht sie regelmäßig Kurse rund ums Töpfern, um in Gesellschaft von Gleichgesinnten Skulpturen sowie Gruppen- und Gebrauchsgegenstände in verschiedenen Techniken zu gestalten und ihre Kenntnisse weiter zu vertiefen. Ihre in schillernden Farben gestalteten Gartenobjekte und mit edlen Golddekoren verzierten Wohnraumaccessoires werden erstmals in einem Buch vorgestellt.

Nicole Schelbert lebt mit ihrer Familie in der Nähe von Würzburg. Sie beschäftigt sich seit über zehn Jahren mit dem „Urmaterial" Ton und hat seitdem, meist autodidaktisch, immer neue Möglichkeiten entdeckt und ausprobiert. Inzwischen leitet sie Kurse für Kinder und Erwachsene. Das Spiel mit Formen, Farben und den Elementen Erde, Wasser, Luft und Feuer fasziniert sie immer wieder aufs Neue beim ältesten Handwerk der Welt. Ihr Drache (Seite 77) belegte im deutschlandweiten TOPP-Kreativpreis 2005 den 5. Platz.

Wir danken der Firma Hobbygross Erler, Rohrbach, für die freundliche Unterstützung.

IMPRESSUM

KONZEPT, PROJEKTMANAGEMENT UND LEKTORAT: Monique Rahner

GESTALTUNG UMSCHLAG: Annette Vogt, red.sign, Stuttgart

GESTALTUNG INHALT: Heike Wenger

FOTOS: frechverlag GmbH, 70499 Stuttgart; Fotostudio Ullrich & Co., Renningen

DRUCK UND BINDUNG: Neografia, Slowakei

Modelle: Sia Dreher (15 (Maus unten), 24 unten, 25, 30 (Schale oben), 32 unten, 34, 37 (Kästchen oben), 40 (Weinkühler), 48, 49 oben, 56 oben, 57 unten, 60, 68/69, 72/73, 80/81, 85, 88/89, 90, 93, 109, 113 bis 120 und 125), Iris Reichmann und Isabell Scharfschwerdt (Seite 24 oben, 32 oben, 33 oben, 42/43, 56 unten, 57 oben, 67, 75, 92, 95 bis 108, 110, 122/123 und 126), Monika Fischer (Seite 33 unten, 63, 64, 78, 83 und 86), Nicole Schelbert (Seite 49 unten, 70/71 und 77).

Auflage: 5. 4. 3. 2. 1.
Jahr: 2009 2008 2007 2006 2005 [Letzte Zahlen maßgebend]

ISBN 3-7724-5031-8
Best.-Nr. 5031